幼儿园音乐教育活动设计与实施

富 宏 编著

北京理工大学出版社
BEIJING INSTITUTE OF TECHNOLOGY PRESS

版权专有　侵权必究

图书在版编目（CIP）数据

幼儿园音乐教育活动设计与实施/富宏主编 . —北京：北京理工大学出版社，2019.3（2021.1 重印）

ISBN 978 – 7 – 5640 – 9659 – 5

Ⅰ. ①幼…　Ⅱ. ①富…　Ⅲ. ①音乐课 – 学前教育 – 教学参考资料　Ⅳ. ①G613.5

中国版本图书馆 CIP 数据核字（2019）第 051271 号

出版发行　/　北京理工大学出版社有限责任公司
社　　址　/　北京市海淀区中关村南大街 5 号
邮　　编　/　100081
电　　话　/　(010) 68914775（总编室）
　　　　　　　(010) 82562903（教材售后服务热线）
　　　　　　　(010) 68948351（其他图书服务热线）
网　　址　/　http：//www.bitpress.com.cn
经　　销　/　全国各地新华书店
印　　刷　/　涿州市新华印刷有限公司
开　　本　/　787 毫米 × 1092 毫米　1/16
印　　张　/　7.25　　　　　　　　　　　　　　　责任编辑 / 刘永兵
字　　数　/　171 千字　　　　　　　　　　　　　文案编辑 / 刘永兵
版　　次　/　2019 年 3 月第 1 版　2021 年 1 月第 3 次印刷　责任校对 / 周瑞红
定　　价　/　26.00 元　　　　　　　　　　　　　责任印制 / 李　洋

图书出现印装质量问题，请拨打售后服务热线，本社负责调换

学习指南

"幼儿园音乐教育活动设计与实施"是学前教育专业的必修课程,是基于幼儿园工作过程典型工作任务的直转课程。本教材的编写坚持"以工作任务为导向"的原则,在掌握学前儿童音乐教育基本理论的基础上,关注幼教岗位工作能力的培养,侧重实操的各个环节。

本课程主要培养学前教育专业学生面向不同音乐领域进行设计与实施相关音乐教学活动的操作能力,依据音乐教学领域的不同,分为"律动类音乐教育活动设计与实施""歌唱类音乐教育活动设计与实施""游戏类音乐教育活动设计与实施""欣赏类音乐教育活动设计与实施"四个单元。四个单元是并列关系,是按照由易到难、由浅入深、拾级而上的层次安排的。每个单元都在掌握前一单元的基础上增加了新的知识和要点,每个单元的学习都比前一单元的要求更高。在学习过程中,学生的知识储备、能力水平、职业素养将获得稳步增长与提升。

本教材在教学过程中每周安排2学时,去掉学生见习时间两周和"五一"放假一周停课,共计30学时,具体分配如下:

单元名称	任务名称	建议学时	合计学时
绪论	音乐与儿童音乐	2	2
第一单元 律动类音乐教育活动设计与实施	任务一 运用律动活动表现音符时值——《新年好》(小班)	2	6
	任务二 运用律动活动表现音乐力度——《狮王进行曲》(中班)	2	
	任务三 运用律动活动表现音乐旋律走向——《大鞋和小鞋》(大班)	2	
第二单元 歌唱类音乐教育活动设计与实施	任务一 在歌唱活动中培养乐感——《数鸭子》(小班)	2	6
	任务二 在歌唱活动中培养创造力——《幸福拍手歌》(中班)	2	
	任务三 在歌唱活动中培养合作意识——《柳树姑娘》(大班)	2	
第三单元 游戏类音乐教育活动设计与实施	任务一 创编节奏游戏活动——《大雨和小雨》(小班)	2	6
	任务二 创编歌舞游戏活动——《十个小印第安人》(中班)	2	
	任务三 创编音乐唱游活动——《小司机》(大班)	2	
第四单元 欣赏类音乐教育活动设计与实施	任务一 借助器乐演奏欣赏音乐——《春节序曲》(小班)	2	6
	任务二 借助绘画手段欣赏音乐——《唱脸谱》(中班)	2	
	任务三 借助肢体动作欣赏音乐——《跳圆舞曲的小猫》(大班)	2	
总结考核	随堂考查	2	2
合计			30

目 录

绪论　音乐与儿童音乐 ··· 1

第一单元　律动类音乐教育活动设计与实施 ································· 13
　　任务一　运用律动活动表现音符时值——《新年好》（小班） ········· 14
　　任务二　运用律动活动表现音乐力度——《狮王进行曲》（中班） ···· 20
　　任务三　运用律动活动表现音乐旋律走向——《大鞋和小鞋》（大班） ···· 27

第二单元　歌唱类音乐教育活动设计与实施 ································· 36
　　任务一　在歌唱活动中培养乐感——《数鸭子》（小班） ··············· 37
　　任务二　在歌唱活动中培养创造力——《幸福拍手歌》（中班） ······· 45
　　任务三　在歌唱活动中培养合作意识——《柳树姑娘》（大班） ······· 53

第三单元　游戏类音乐教育活动设计与实施 ································· 60
　　任务一　创编音乐节奏游戏活动——《大雨和小雨》（小班） ········· 61
　　任务二　创编歌舞游戏活动——《十个小印第安人》（中班） ········· 68
　　任务三　创编音乐唱游活动——《小司机》（大班） ····················· 75

第四单元　欣赏类音乐教育活动设计与实施 ································· 83
　　任务一　借助器乐欣赏音乐——《春节序曲》（小班） ·················· 84
　　任务二　借助绘画手段欣赏音乐——《唱脸谱》（中班） ··············· 92
　　任务三　借助肢体动作欣赏音乐——《跳圆舞曲的小猫》（大班） ···· 101

参考文献 ·· 109

后记 ·· 110

绪论

音乐与儿童音乐

第一节 音　乐

　　音乐是以有组织的、在时间上流动的音响为物质手段来塑造艺术形象、表达思想情感的一种社会性的艺术。它是人类特有的一种文化现象和艺术形式。在人类社会的发展历史中，音乐最初究竟是怎样产生的？自古以来，人们就试图回答这个问题。人类学家和历史学家认为，最原始的音乐或许在远古的野蛮时代就已经出现了。虽然这些原始音乐已经随着时间的消逝而无从查考了，但我们仍可从残存的原始乐器中窥见音乐漫长的历史。可见，音乐是人类历史上最古老的艺术种类之一。

一、音乐的起源与发展

　　关于音乐的起源，古今中外的哲学家、美学家和文艺理论家有许多不同的解释，其中影响最大的有四种：一是"模仿说"，即认为音乐来源于对自然界和社会现实的模仿。这或许可以算作最古老的一种说法。早在两千多年前，古希腊哲学家德谟克里特就认为艺术是对自然的"模仿"。亚里士多德更认为模仿是人的本能。他认为，所有的艺术都是模仿，差别只在于模仿使用的媒介不同，音乐是以声音来模仿的艺术形式。这种理论体现出一种朴素的唯物主义观点。二是"游戏说"。这种说法主要是由18世纪德国哲学家席勒和19世纪英国哲学家斯宾塞提出来的。他们认为，艺术活动和审美活动起源于人类所具有的游戏本能，人的这种"游戏"本能和冲动，就是艺术创作的动机。在这种无功利、无目的、自由的音乐活动中，人的过剩精力得到了宣泄，同时也获得了快乐及美的愉快的享受。三是"巫术说"。这种理论在19世纪末和20世纪初兴起，后来影响越来越大。该理论认为音乐起源于人类早期原始文化的图腾歌舞、巫术礼仪。四是"表现说"，即认为音乐起源于音乐家的主观想象和情感的表现。这种理论在东西方都有着悠久的历史。

　　应当承认，以上提到的理论和说法都从某一角度、某一侧面探讨了音乐的产生，有一定的合理性，有助于揭示音乐起源的奥秘。但是，它们却忽略了音乐产生的最根本原因。我们知道，虽然原始歌舞与巫术有密切的联系，原始的音乐、歌舞活动具有明显的巫术动机或巫术目的，但归根结底还是不可能离开人类的社会实践活动。音乐是人类文化发展历史进程中的必然产物，其起源是一个多元多因的、漫长的历史发展过程。

音乐的产生经历了一个由实用到审美、以劳动为前提的漫长历史发展过程。

（1）原始社会的音乐。它是从人类社会生活的各个非审美领域中萌发并逐步分化、再综合起来的，是集音乐、诗歌、舞蹈三位一体的"乐舞"的艺术形式。

（2）古代的音乐：在原始乐舞的基础上进一步分化、发展，产生了歌曲、器乐、舞蹈及最初的戏剧和诗歌。从中国古代音乐的发展轨迹来看，早在先秦时期就出现了由朝廷制定的"雅乐"和流行于民间的俗乐"郑卫之音"，并且乐器也较原始社会有了更大的进步和发展，出现了堪称我国古代最庞大的乐器——编钟；到了汉魏时期，音乐进一步发展，北方的相和歌以及南方的清商乐都达到了很高的艺术成就；而隋唐时期在大量吸收西域音乐的基础上出现了新俗乐（燕乐），各类音乐艺术形式获得了更为充分而自由的发展；宋元明清时期的音乐，一个重要的发展特征是音乐中心的移位，从以宫廷音乐活动为中心转向世俗的、平民的、民间的音乐，尤其是元杂剧及南北曲、昆曲的诞生……可见中国古代音乐的发展经历了雅乐音乐时期、清乐音乐时期、燕乐音乐时期和俗乐音乐时期。

（3）近代的音乐：在音乐形式方面得到了更高度、更细致的分化和发展。特别是诞生了歌剧、芭蕾舞剧、音乐剧等综合音乐、戏剧、绘画、舞蹈的新的艺术形式，同时也产生了各种不同的音乐流派，出现了精彩纷呈、繁荣发达的发展局面。以西方近代音乐的发展为例，这个时期不但涌现了许多著名的音乐家，创作出了一系列优秀的音乐作品，还产生了各具特色的音乐艺术流派：以海顿、莫扎特和贝多芬为代表的古典乐派，推崇理性和情感的统一，追求艺术形式的完美和严谨，注重创作手法上的对比、冲突和发展；以舒伯特、李斯特、肖邦、勃拉姆斯等为代表的浪漫乐派，强调激情，强调抒发主观情感，强调表现个性；以格里格、德沃夏克等为代表的民族乐派，主张音乐的鲜明民族风格和民族特色，主张将传统音乐成果与本民族音乐密切结合起来，等等。

（4）现代的音乐：现代音乐的发展既遵循着不断分化、不断融合的规律，同时音乐艺术形式本身也在不断地吸取外部新的生命动力，成为相对独立的音乐形式，展现出更广阔的发展天地。其音乐流派更加繁多复杂，如以法国音乐家德彪西为代表的印象派音乐，以意大利音乐家布索尼为代表的新古典主义音乐，以奥地利音乐家勋伯格为代表的表现主义音乐，等等，难以尽述。同时，出现了爵士乐、摇滚乐、电子音乐等综合性音乐艺术，大大推动了音乐艺术和音乐文化的进一步发展和繁荣。

二、音乐的本质

究竟什么是音乐？它具有哪些基本特征？许多思想家、美学家和艺术家很早就探索这些问题。

马克思指出，物质生活的生产方式制约着整个社会生活。艺术作为一种特殊的社会意识形态，虽有着自身的发展规律，但归根结底离不开经济基础的决定和制约。因此，无论怎样特殊的艺术现象，都可以从现实存在中找到其根源。艺术是人类社会生活在艺术家头脑中的形象反映，而音乐作为艺术的组成部分，同样也体现出艺术的本质规律与特性。所以说，音乐是对社会生活的主观反映。当然，音乐之反映社会现实生活并非如"模仿说"所说的那样，完全是对现实生活中声音的自然模仿，因为构成音乐形象的音响材料虽可以从现实音响中找到模拟原型，但更多的却是需要音乐家经过加工、整理、改造，即艺术概括而成的。因此，音乐反映社会生活，不是对社会生活的直接描绘，而是音乐家把个人对社会生活的理想、态度、体验等高度概括、提炼并用有组织、有意识的具体音响形式加以表达的结果，音乐是一种社会审美生活的主观反映。

三、音乐的基本特征

音乐作为艺术的一大门类，具有区别于其他艺术形式的基本特征。

（一）材料的特殊性

我们知道，音乐是用声音构成的。它是以声音为物质材料，根据声音的高低、长短、强弱、音色等特性，构成节奏、节拍、速度、力度、旋律、音区、调式、和声、织体、曲式等音乐表现手段和组织形式，来表现人的内心情感并反映一定的社会生活的。音乐中的声音并不是生活中各种音响的随意堆砌，也不仅仅是单个的声音，而是具有一定特性的乐音，即按照一定关系构成的有机的乐音体系，由它们所构成的音乐作品既有着严密的组织和逻辑关系，又包含着丰富的内涵。

音乐家把对生活的体验和感受凝聚为音乐形象，以具体的音响形式表现出来，诉诸人们的听觉器官。各种音乐活动都离不开听觉，音乐听觉能力是形成各种音乐能力的前提和基础，如音乐的感受能力、记忆能力、表达能力、审美能力、欣赏能力等都来自听觉。但是，虽然音乐主要是通过听觉渠道，接受的主要是听觉刺激，但以音响为"原料"的音高运动却能唤起人们多方面的心理反应和活动，如肌肉的运动、想象、类比、联想的产生，等等，借助于多种感知通道的协同参与来获得对音乐的体验和感受。

（二）流动性

音乐是在时间中进行，在时间中发展，随着时间的进程而逐渐展示音乐作品的各个组成部分并最终为听者所感受理解的。因此，音乐是在时间进程中运动着的时间艺术，具有流动性。这也正是音乐作为听觉艺术与视觉艺术最明显的区别。它能够表现出时间延续、运动发展的过程，能够在时间的流动中不断展开、发展和完善其组织结构，从而使听者的情绪情感体验不断得到积累和深化，在时间的流动中长久地沉浸于音乐之中，享受音乐。

（三）情感性

早在先秦时期，我国最有代表性的音乐论著《乐记》曾给音乐艺术下过这样的断语："凡音者，生人心者也。情动于中，故形于声，声成文，谓之音。"也就是说，音乐是用声音来表达情感的艺术。

由于音乐是以有组织的、在时间上流动的声音为物质材料来塑造音乐形象、诉诸听觉的艺术，因而它不可能像造型艺术那样直接逼真地塑造具体事物或生活图景，也不可能像语言艺术那样直接表述概念和思想，音乐所擅长的是通过感情的抒发和表达来打动人、感染人，正如黑格尔所说："音乐是心情的艺术，它直接针对心情。"正因为音乐具有以情动人、以情感人的艺术魅力，也被人们公认为是情感的艺术。

（四）表现性

音乐虽然也是人类社会生活的主观反映，但由于音乐构成材料的特殊性，使得这种反映与绘画、文学等艺术样式完全不同：它既不能把纷繁复杂的大千世界以语言文字符号的形式描绘出来，也不能如绘画般地直接诉之于人的视觉。因此，它也就不是艺术家创作完了之后即可欣赏、再现的，音乐对现实生活的反映和表现带有一定的间接性。这种间接性表现在音乐家创作的音乐作品，必须通过演唱、演奏等"再度创作"过程才能成为活生生的音乐艺术供人们欣赏；离开了表演、表现，谱面上的音乐作品就无法转化为流动的音响，自然也就失去了音乐本身存在的价值。可见，音乐具有明显的表现性特征。

（五）不确定性

由于音乐不能直接提供视觉形象，不能直接表述思想内容，难以直接用具体的形象来反映，人们通过听觉感受到的音乐信息是非语义性的，所以音乐在一定程度上带有不确定性。对于歌曲或是标题性音乐，人们可以借助歌词和标题文字说明来确定音乐作品所反映的内容，而对于无标题的纯器乐曲的理解，往往更多地需要借助个人的生活经验、音乐经验、艺术修养、认识能力等，需要通过联想再造形象。因而这种音乐形象往往体现出个人的、个性化的水平和特点，表现出人的听觉感受能力的明显差异性，对于同一首乐曲，不同的欣赏者会产生不同的情感体验，且情感体验的程度也不同；同时，即使是同一主体在不同时间、地点、场景中对同一首乐曲也会有不同的情感体验。正因为情感体验带有很大的主观性，音乐艺术才表现出不确定性的特点。

四、音乐的功能

音乐的功能是指音乐在人类社会生活中所起的作用。音乐作为一门古老的艺术，在社会生活中所起的作用是多方面的。其具体的社会功能有许多种，且随着社会历史的不断发展，人们对音乐的社会功能的认识会有新的发展和变化。

（一）教育功能

对音乐教育功能的阐述早已有之。我国古代伟大的思想家孔子曾以"礼乐相济"的思想创立了最早的教育体系，提倡"六艺"——礼、乐、射、御、书、数。其中的"乐"，就是诗、歌、舞、演、奏等的艺术综合体。古代西方哲学家柏拉图也认为，音乐教育比其他教育都重要得多。虽然近现代的许多教育家、思想家对音乐阐述过各自不同的理论，但他们有一个观点是共同的，即音乐可以教育人。具体说来，音乐的教育功能体现在以下两个方面：

1. 启迪智慧，诱发灵感

伟大的科学家爱因斯坦曾经说："我的科学成就很多是受音乐启发而来的。"确实，音乐能够激发人的灵感，启迪智慧，促进思维的发展。人们通常习惯把左脑称为"语言脑"，把右脑称为"音乐脑"。多听优美的音乐，不仅能够活化右脑，还能通过大脑兴奋点的激发，带动、促进左右脑的协调，推动想象、思维和创造活动，从而诱发人们心中潜在的巨大力量和智慧火花。

清华大学工科学生有一个非常有名又有趣的公式：$8-1>8$。这个公式中的第一个"8"是说每日学习 8 小时，减去"1"即表示同学们用 1 小时进行课外音乐活动，>8 表示其专业学习的成绩高于那些完全用 8 小时进行专业学习的同学。

法国大文豪雨果有一句名言，说人类有这样的"金三角"：数字→文字→音符。它们是打开人类智慧大门的钥匙。如果我们不懂音乐，那起码将失去世界上三分之一的人类智慧。音乐是认识、感知世界的钥匙，也是赖以创造世界的手段。音乐还是精神文明的最美好的部分。

2. 潜移默化，陶冶情操

音乐作为人类生活中不可缺少的精神食粮，可以净化人的心灵，陶冶人的情操和品格。

音乐是一种情感的艺术。鲜明的音乐形象能生动地反映和影响人的思想感情，而这种音乐的强烈艺术感染力能够通过审美体验的积淀，对人产生潜移默化的教育和影响。同时，音乐又最富于表现力和感染力。如一首高昂雄壮的乐曲能够对人的心灵产生极大的震撼，鼓舞人的精神，使人的心灵在潜移默化中得到美的净化和陶冶。

（二）保健功能

人类对于音乐与健康的关系的探索由来已久。音乐的保健功能具体表现在以下两个方面：

1. 调节身心

音乐对于调节人的生理机能、促进身心健康具有重要的作用。科学研究证明，当人在倾听、欣赏美妙的音乐时，音乐节奏的频率能够通过听觉器官与机体内的各个共振系统的节奏（如声带发音、胃肠蠕动、心脏跳动等）相协调，产生有益的共振。随着这种生理共振的产生，人的心跳速度、皮肤温度以及呼吸、循环、消化、内分泌都会发生一系列的变化，从而对调节躯体功能起到良好的作用。此外，优美的音乐作用于人的大脑，能提高神经细胞的兴奋性，从而调节血流量，促进血液循环，加强新陈代谢。

同样，音乐对人的心理功能、心理健康也具有一定的调节作用。日本科学家曾经做过研究和测量，发现人的脑波在紧张时"β"波会增加，轻松时"α"波会增加；一旦在优雅的环境中播放优美、柔和的音乐旋律，就可以将脑波从"β"波状态诱导到"α"波状态。可见，音乐能够调节人的情绪，排解人们由于现代生活节奏快、超负荷工作所产生的紧张和不安。许多生理学和心理学的研究都表明，音乐具有改变情绪和情感的效果。通过音乐还可以培养人稳定、积极的情绪和坚强的意志，使人获得精神力量，满怀热情地投入意志行为中，增强对人生意义的认识和自信心。

2. 治疗疾病

用音乐来治疗疾病的历史源远流长。早在古希腊，亚里士多德就指出，音乐具有治疗疾病的功能。我国古代也有类似的记载，而现代音乐疗法更被广泛地运用于临床实践之中。利用音乐中不同的旋律、节奏、调式来刺激人的听觉器官，能对肌体产生兴奋、镇静、止痛、降压等生理疗效。国外曾有报道，一曲娓娓动听的小提琴协奏曲可使血压下降 10~20 毫米汞柱。随着现代医学、生理学研究的不断深入和发展，用音乐疗法来医治各类慢性病、精神病、孤独症和自闭症等已十分普遍。通过轻快美妙的音乐来调节人的情绪，进而调节生理节律，达到治疗疾病、增进健康的效果是完全可能的。

（三）娱乐功能

音乐还具有娱乐的功能。人们能够通过音乐获得精神的享受和愉悦，使身心得到愉快和休息。对于这一点，古希腊哲学家亚里士多德早有论述："消遣是为着休息，休息当然是愉快的，因为它可以消除劳苦工作所产生的困倦，精神方面的享受是大家公认为不仅含有美的因素，而且含有愉快的因素，幸福正在于这两个因素的结合，人们都承认音乐是一种最愉快的东西……人们聚会娱乐时，总是要弄音乐，这是很有道理的，它的确使人心旷神怡。"当人们在欣赏音乐过程中获得快乐、满足时，会自然而然地畅神益智。

除此之外，音乐还具有其他一些实用功能，是人们在长期的社会生活实践中创造和派生出来的，如音乐的广告功能、风俗礼仪功能，等等。总之，音乐的社会功能既是多方面的，又是互相联系、互相渗透的。要真正实现音乐的价值和功能，必须依赖音乐教育的实施。

第二节 儿童音乐

音乐是没有国界的，正如叶圣陶先生所说，"音乐是世界的语言"，它是一种人类都能理解、无须翻译、可直接交流思想感情并产生共鸣的"世界语"。

儿童充满好奇来到这个世界，展现在他们眼前的不仅有色彩斑斓、五彩缤纷的图案和景物，还有丰富多变而美妙的音响。我们常常听到孩子们在游戏、玩耍的时候本能地哼着歌，也常看到蹒跚学步的婴儿听到音乐就扭动身体、手舞足蹈，甚至还不会讲完整句子的孩子却能哼唱完整的乐句……对此，美国哥伦比亚大学师范学院儿童音乐教育家爱丽丝教授认为：常态的儿童没有不喜欢音乐的，声音和动作是儿童生活中两个最有趣的因素。由此可见，孩子天生是喜爱音乐的，热爱音乐是儿童的天性。

儿童由于缺乏知识、经验，他们渴望模仿，通过模仿习得经验和知识，而音乐可以为儿童提供极好的模仿材料，一些结构工整、短小、旋律优美朴素的童谣，儿童不需借助任何外部工具，张嘴就能模仿。儿童好想象、爱幻想，生动形象、富于变化的音乐旋律与节奏，特别能激发儿童的想象力；儿童情感外露，富有情绪感染力的音乐不仅能唤起儿童的内心感受，还能使不善于用言语表达内心情感的儿童情不自禁地喜欢音乐，并随之手舞足蹈。

我国著名儿童教育家陈鹤琴先生提出过"儿童生活音乐化"的思想。他认为，天真活泼的儿童对音乐有着天然的亲近和向往，每个儿童都需要音乐，每个儿童都有接受音乐文化的愿望和权利，儿童音乐应伴随着儿童的生活和成长。

一、儿童音乐的基本特点

所谓儿童音乐，是指儿童所从事的音乐艺术活动。它反映了儿童对音乐的感受、体验、表现及创造，也表现出儿童对周围世界的认识、情感和思想。对于3～6岁的学龄前儿童而言，他们所从事的音乐活动从内容上可分为歌唱活动、随乐动作表现活动（韵律动作、打击乐和音乐游戏）、音乐欣赏活动；从形式上可以分为欣赏、表演和创作活动。具体地说，儿童音乐有以下一些基本特点：

（一）愉悦性

音乐艺术之所以能打动人的情感，是因为其本身具有强烈的愉悦性、感染性。一部优秀的音乐作品，人们在欣赏它那动听的旋律时，会直接诉诸审美情感，仿佛进入一个新的世界，各种各样使人感兴趣的事物、丰富多彩的优美境界，活灵活现地展现在人们的眼前，使人们心里洋溢起一种难以名状的喜悦，精神振奋，心情舒畅，这就是音乐的愉悦性和感染性。难怪列宁在欣赏贝多芬的《热情奏鸣曲》时，心情激动，认为这是人间奇迹。

儿童在倾听一支乐曲的时候，往往会不由自主地陶醉在乐曲所描绘的境界之中，从而产生情感共鸣。我们不难观察到，在音乐活动中，孩子们自始至终处在愉快欢乐的状态之中。这是因为儿童天生的好动性在音乐活动中得到满足，从而获得快乐；同时，儿童音乐的歌唱、韵律活动、音乐游戏等能在满足儿童社会性需求的同时，带给儿童愉快的情绪。

（二）教育性

音乐艺术不仅具有愉悦性和感染性，而且还有育情冶性、潜移默化的教育作用。儿童音乐具有愉悦性、娱乐性特点，是能够吸引儿童积极参与音乐活动的重要原因之一。利用这一特点，可以引导儿童在玩中学、乐中学。而寓教于愉快的音乐感受和音乐表现活动之中，更能使儿童学有所得。这便是儿童音乐教育性的体现。

儿童音乐往往不像语言的表述那样直截了当，而是像春雨般点点滴滴渗透到儿童的内心情感和心灵深处，起着熏陶、感染的教育作用。比如，对4~5岁的孩子进行尊重家长和他人的教育，《我的好妈妈》就是一首富有教育意义的歌曲。儿童在这首歌曲的一系列音乐活动中，能形象地体验到成人劳动的辛苦，他们会在妈妈下班后发自内心地唱一句："妈妈，妈妈，快坐下。"他们也会在幼儿园亲切地向阿姨道一声："阿姨，您辛苦了。"儿童音乐的教育作用能够在儿童的内心情感和心灵深处引起震撼，它比说教更有说服力、更深刻、更持久。

（三）个体性

音乐不仅是通过音响来反映人们思想感情及社会生活的听觉艺术，而且也是极富个性的艺术。每个作曲家对作品内容的表述，每个表演者对作品内容的诠释，每个欣赏者对作品内容的感受和理解都是独特的。黑格尔曾经说过，"音乐用作内容的东西乃是主体的内心生活本身"，音乐正是"主体内心生活的显现"。

对于儿童而言，儿童音乐也可以反映其个体发展的状态。不同年龄阶段的儿童对外部世界的认识和体验是不相同的，表达自己情绪和情感的方式也是各有差异的，这就是儿童独特个性的表现。而音乐能反映出儿童的发展水平和个体差异：上百个儿童在一起聆听同一首音乐作品，每个儿童的心理活动和听觉感受是各不相同的。这种不同，受儿童认识发展水平的制约，也受个人情感、个性等发展状况的影响。每个儿童都会自觉或不自觉地进行感知、想象、理解等具体个性化的心理活动。我们在生活中常常发现儿童会自发地运用音乐自娱。美国的道罗西·麦克唐纳先生曾在《儿童早期音乐教育》一书中详细地描述了3~4岁儿童在自编歌曲、自由即兴创作曲调、自由敲击节奏等方面多种自发创作的个案观察记录。他认为，音乐对于儿童来说，是其生命过程的一部分，是其作为一个独立的人、独立的社会成员的内在表达。由此可见，儿童音乐在一定程度上反映着儿童的认知、情感和个性发展的状况。同时，正是因为儿童音乐是儿童发展的一种个体化表现，使得儿童音乐活动在唤醒儿童的主体意识、促进儿童的主体性发展上具有其特殊的教育价值。

二、儿童音乐的审美特性

儿童的音乐世界实质上是一种审美世界，是一种超越以个人为中心的社会功利、社会化价值的艺术境界。儿童音乐除了具有音乐艺术一般的美学特性外，还有其独立的美学特性。儿童音乐既包括"为儿童创作"的音乐，也包括适合儿童的各种成人音乐。一方面，作曲家的创作目的是要写给儿童进行表演或欣赏，其审美体验往往来源于作曲家在幼年、少年时代的音乐生活经验。他们以儿童的视角作为音乐作品的视角，呈现出的是充满童心、童真、童情、童趣的孩提世界。另一方面，适合儿童的成人音乐，由于其音乐形式、风格、体裁和题材往往也以适合儿童的生活经验和音乐体验特点的方式来呈现，是与儿童的音乐审美心理相吻合的，因而具有儿童音乐的基本审美特性。这种审美特性主要表现在形式美与内涵美两个方面。

（一）形式美

正如绘画的美首先来源于线条、构图、色彩等绘画要素一样，音乐的美体现在音区、力度、节奏、旋律、音色、织体、曲式、和声等音乐要素上，这些要素加起来，形成了音乐作品的整体艺术结构和独特的艺术审美特征。其中，与儿童音乐审美特征联系最为紧密的音乐形式美，主要体现在音色、节奏、旋律、力度四个方面。

1. 音色

音色指嗓音或乐器的音质。人声的音色往往有嘹亮柔美、激昂高亢、浑厚温暖、庄重厚实、清脆悦耳等区分。乐器的音色则更丰富：小提琴纤柔灵巧，大提琴深沉厚实，双簧管优雅甘美，小号高昂嘹亮等。在儿童音乐创作中，作曲家对音色的运用非常讲究，往往会选择对儿童特别有吸引力的音色，如用稚气的童声作为演唱音色，用沉闷的定音鼓模仿打雷的音色等。对作曲家来说，各式各样的声音特质会令儿童音乐作品产生鲜明的效果。

2. 节奏

音值是指乐音的长短。不同长短的音按照一定的时间规律组合起来形成节奏。节奏是一种动态的存在形式。音乐中的节奏概念是很宽泛的，包括音乐中各种各样的运动形态，既有轻与重、缓与急，又有松散与紧凑。具体地说，节奏包括节拍、速度等要素。因此，强弱、快慢、松紧是节奏的决定因素。音乐作品中的节奏可分为两大类：一类是节拍或重音规则交替进行的节奏；另一类是较为松散的节奏。儿童音乐作品以规则鲜明的节奏为主，如二拍子的强弱对比鲜明有力，宜于表现活泼欢快、刚劲果敢的情绪；而三拍子富有悠缓动荡的特点，常用于表现摇摆、悠缓的意境。

通常，快的节奏比较令人兴奋，与孩子们激烈运动时的心跳、呼吸相呼应；而慢的节奏则使人心态平和，情绪稳定。一般来说，表现儿童兴奋、欢乐、活泼的情绪，与快速度相配合；表现阳光明媚、春意盎然的大自然风光等，则往往与适中的速度相配合；而表现较为深沉的回忆、壮观的景象等，则多与慢速度相关。在儿童音乐中，快速和中速是常见的类型，因为它比较符合儿童的生活经验和情绪情感体验。

3. 旋律

乐音通过一定的音高变化勾勒出不同的旋律。旋律是构成音乐美的主要艺术手段，它是由不同音高组成的富有逻辑规律的单声部音乐进行所构成的。儿童音乐作品旋律的表现是多种多样的，它是作曲家体验儿童情感并进行艺术表现的主要方式。儿童音乐旋律的表现形态主要有平稳式的进行、上升式的进行、弧形的进行及以上各种旋律状态不同组合的进行。不同旋律走向会影响儿童在音乐体验中的情绪状态。

旋律和我们的日常语言关系十分密切。在儿童音乐中，旋律的曲折变化往往依附语言本身，也就是将语言的音高加以夸张得来的。许多儿童歌曲都是将歌词夸张朗诵后，模仿语言语调的起伏来确立旋律线条的。另外，音区在儿童音乐的旋律写作中也是十分重要的手段。不同音区的旋律可以表达不同的思想感情。音区的对比能够为旋律营造新鲜感和情绪的变化。

4. 力度

力度指音乐的强弱程度。力度的变化对音乐形象的塑造起着很重要的作用。一般来说，力度强烈的音乐让儿童兴奋、愉悦、充满了向往；力度轻柔的音乐则让儿童安静、有更多的思考。渐强、渐弱、突强、突弱、先强后弱等力度变化，不仅能更多地吸引孩子们的注意力，也能让他们对音乐的体验更投入。

通过力度变化产生的音响可以表达如狂风暴雨、奔腾豪放等强烈的情感，也可以表达低声倾诉、喃喃细语等内心的微妙感受，还可以表现空谷回声、高山流水、小溪潺潺等大自然的奇观美景，甚至可以表现阳光、月色、云彩、微风等看得见、感受得到却摸不着的自然现象。力度的表现力是相当丰富的。

（二）内涵美

儿童音乐语言的内涵美是儿童音乐审美特性的重要组成部分，它主要体现在以下三个方面：

1. 直观

学前儿童的思维比较直观，他们对具象的事物会投入更大的注意力。因此，儿童音乐常常模仿自然界的声音以暗示某种情景，或通过音响运动状态象征某种视觉形象，使音乐具有某种程度的造型性，以此来吸引孩子的注意力，增加孩子对音乐的兴趣。

在儿童音乐的许多作品中，也常常生动、具象、直观地描绘孩子的形象。但是，由于儿童的年龄特点所限，加之儿童的思维比较单纯，用音乐描写儿童不像写成年人那样侧重刻画内心世界。一般说来，音乐中的儿童形象往往是通过表现儿童生活情景的活动来塑造的。

2. 稚拙

每个幼小的生命都保持着一种纯洁的天真。儿童世界与成人世界相比，具有无法替代的独特童趣。纯真是儿童的天性。用简单的富有童趣的音乐形式来表现生活，是许多音乐家向往的艺术风格。因此，许多儿童音乐作品常用清晰流畅的旋律、和谐明朗的和声与简洁透明的织体来表现孩子们活泼率真的本性。在儿童音乐作品中，稚拙不仅表现为音乐形式的朴素，也表现为心理内涵的单纯。这种朴素和单纯是回归儿童思维本性的艺术再现，是闪烁着灵感的高级的淳朴。相对于成人音乐而言，儿童音乐总是洋溢着更为浓郁的谐趣和欢愉之美。

舒曼的《童年情景》是音乐史上的一部极为独特的作品。这部作品虽然按内容来说是描写儿童生活的，但不只是为儿童所写，在一定程度上也表现了成年人对童年时光的回忆。作品手法简练，形象刻画生动准确，心理描写逼真，欢快动人，饶有童趣。在第三乐章《捉迷藏》中，作曲家回忆起了童年时代与同伴做游戏的生动场景。全曲快速上下行音阶式的音型在声部间此起彼伏，像孩子们忽隐忽现、互相追逐着游戏玩耍，童年天真稚拙的形象从音乐中流泻而出。稚拙的儿童音乐总是呈现出一种柔和、淡雅、原始、质朴、明净、透彻的美，它拒绝成人音乐大多精雕细琢的创作手法，而往往与原始艺术的美学特征有异曲同工之处。

3. 幻想

幻想是儿童的一种天赋和本能。儿童有了思维，也就有了种种幻想。在儿童的思想中，世界上的万物和自己一样有生命，有喜怒哀乐，凭借着幻想，他们在现实的大千世界中，营造着自己的小世界。儿童音乐创作中的种种幻想，是音乐家对儿童的快乐天性与纯真童心的深刻领悟与精心创造，也是音乐家对儿童音乐审美心理的一种独特的外化形态。儿童音乐因其直观、稚拙的本质而具有幻想的审美特性。

普罗科菲耶夫有一套儿童交响组曲《冬天的篝火》。它的第一乐章《出发》是描绘一群儿童坐火车去郊外欢度寒假的情景。在充满幻想的音乐进行中，出发的号角吹响了，火车徐徐开动，长笛等吹出了一支兴高采烈的曲调，孩子们怀着激动的心情离开城市，坐在火车上观看辽阔的原野，欣赏祖国的山河。窗外的一切使他们感到新鲜，他们幼小的心灵伴随着列车滚滚向前的车轮跳动，丰富的音色渲染了儿童的幻想性、幽默感和童话色彩。

三、儿童音乐的类型特征

儿童音乐不仅具有独特的内涵，还具有丰富的外延。在这里，"儿童音乐"的界定是比较宽泛的。它不仅包括适合学前儿童在幼儿园集体活动中使用的音乐，也包括与家庭以及社会早期儿童音乐教育相适应的音乐作品，还包括一些在题材与形态上具有儿童音乐的某种特征、老少皆宜的音乐作品。为儿童音乐适当分类，能更好地了解儿童音乐的功能和价值。

（一）按照体裁分类

儿童音乐根据使用的乐器（或人声）的形式、作品的曲式和风格，可以分为以下几类：

1. 儿童歌曲

歌唱是儿童与生俱来的一种音乐能力，也是儿童最常见的音乐活动方式。孩子在牙牙学语时就已经在享受歌唱的快乐了。学前儿童歌唱的意义，更多地体现在诸如培养乐感、建立表演自信心、辅助语言能力的发展，以及更好地认识自我、认识世界等方面。很多国家都有专门为儿童创作的歌曲，这类音乐通常与孩子的游戏、学习、家庭生活密切结合，更注重生活化、情境化。

儿童歌曲种类繁多，主要类型有摇篮曲、数数歌、问答歌、连锁调、绕口令、游戏歌、谜语歌等。儿童歌曲的特点是主题单一，即整首歌曲只表达一个思想内容；内容浅显，即歌曲内容大多是儿童所熟悉的生活，并且与他们的接受能力相一致；结构简单，即外部结构篇幅短小，内部结构线索单一，层次分明；语言通俗，音乐性强，主要表现在语言口语化，读起来顺口流畅，易读易记易唱。另外，在旋律进行上具有轻快、跳跃感，音程以级进与小跳相结合的进行为主。节奏简洁，节拍安排上也以 2/4、4/4 拍为主，3/4、6/8 拍相对少些。速度处理适中，因儿童的气息有限，过慢的句子不适合调整呼吸，过快则易造成吐字不清；在乐句安排上，一般速度以两小节为一句，速度较快时可以四小节为一句。音域选择一般限制在十度以内。

2. 儿童器乐曲

儿童器乐曲主要包括两类：一类是指适合儿童演奏的器乐作品，是作曲家专门为提高儿童演奏技术而创作的，以及为儿童创作的其他的乐器练习曲，等等。这些乐曲形象生动，旋律优美动听,并且有一定的技术目的性,适合儿童的演奏技术水平和审美心理。

另一类是适合儿童欣赏的器乐曲。各国音乐家为孩子写了大量优秀的器乐曲,这些乐曲往往有一定的技术难度,并不适合儿童演奏,但适合儿童欣赏。儿童器乐曲大多形象单一、感情淳朴,表现儿童无忧无虑的欢乐情绪;在创作手法上,一般都有舞蹈性的特点;节奏轻巧,曲调单纯少用变音,调式明朗,常在较高音区用高音乐器以较多的断音奏法演奏;句法简短,结构重复,因此主题比较容易记忆。随着科技的发展和音乐风格的多元化,原本单纯念、唱的儿童歌谣被改编为纯器乐曲的形式越来越多。这类作品由于曲目内容本身的亲和力,很容易获得儿童喜爱。

3. 儿童歌舞剧

儿童歌舞剧既包括儿童歌剧、儿童舞剧,也包括综合了儿童诗歌、音乐和舞蹈的儿童歌舞剧。

儿童歌剧是随着学校音乐教育的逐渐成熟而产生并发展起来。儿童天性活泼好动,喜欢富有动感的场景,因而儿童歌剧的结构简单,情节生动,故事性强,尤其是动作性突出,富有儿童情趣。

儿童舞剧一般以一个适宜儿童的故事为背景,根据故事配合音乐,安排不同的角色,通过舞蹈表演的方式来展现剧情。如巴托克的《木刻王子》、普罗科菲耶夫的《灰姑娘》、拉威尔的《鹅妈妈》、根据安徒生童话改编的《拇指姑娘》、根据恩斯特·霍夫曼的童话《胡桃夹子和鼠王》改编的舞剧《胡桃夹子》,以及我国的《夜郎新传》等。

儿童歌舞剧是以歌唱为主要表现手段的儿童剧,主要以演员的唱词和舞蹈动作、音乐曲调来表现剧情、反映生活。一般来说,儿童歌舞剧比较突出音乐性、动作性和统一性。在表演中,或以歌唱为主,或歌舞并重,或配以诗歌朗诵和旁白等,表现方式多种多样,大多采用童话的方式。其中的歌曲大多亲切、好唱、好记,再加以优美的舞蹈动作和真实的表演,对儿童具有很强的吸引力。

4. 交响童话

交响童话是专为儿童创作的,以儿童童话为表现内容的交响乐,如普罗科菲耶夫的《彼得与狼》、史真荣的《龟兔赛跑》等。《彼得与狼》这部作品整个乐曲为自由发展的奏鸣曲式,其创作手法不仅用管弦乐队的多种乐器音色来演奏表达不同的音乐形象,同时还运用富于表情的朗诵词来解说音乐内容的情节。这部交响童话中有很多角色,如彼得、小鸟、鸭子、猫、大灰狼、老爷爷及猎人等。在乐曲的开始处,乐队把每一个角色分别以七种不同乐器奏出七个具有特征的短小旋律主题,具有很强的艺术感染力和表现力,因而成为交响童话的典范。

(二)按照题材分类

题材是作品的内容范畴。在儿童音乐作品中,题材一般是针对适合儿童的、具有文学内容的音乐或是标题性的音乐。无标题音乐,其题材与音乐内容一样无法用语言来明确。在儿童音乐作品中,常见的题材有以下几类:

1. 游戏题材

玩耍是儿童的本性。在儿童的观念中,音乐是"有趣"和"游戏"的一部分。"游戏"一词最初就有声音、运动和舞蹈的含义。儿童把音乐与游戏连接起来作为一个整体来看待,通过一体化的感受,将声音作为既听又看,又引起身体反应(跳舞),同时又能够理解、服从的东西,并用这种方式来体验世界。游戏题材的儿童音乐作品数量繁多,也是深受孩子们喜爱的音乐题材。

比较有代表性的作品有比才的管弦乐组曲《儿童游戏》,其音乐紧凑简洁,想象力丰富。在音乐史中,儿童游戏题材始终受到音乐家的青睐,并把它作为描绘儿童生活世界的重要手段。

2. 生活题材

儿童的生活世界是丰富多彩的。许多儿童音乐以儿童的家庭生活和学校生活为题材,捕捉儿童的生活场景,具有浓厚的生活气息。

绝大部分儿童歌曲都是生活题材的,这些歌曲因其歌词内容生活化、贴近儿童的经验而受到孩子们的喜爱。

3. 童话题材

在儿童音乐中,运用较为广泛的是童话题材,因为童话最基本的特征是幻想,幻想是儿童音乐的审美特征,也是童话的灵魂。因此,儿童音乐中含有大量的童话题材的作品。

4. 大自然题材

自古以来,丰富多彩的自然美景赋予音乐家无尽的创作灵感。在儿童音乐作品中,高山、流水、花草、树木、走兽、飞鸟,以及春、夏、秋、冬等大自然题材历来受到孩子们的喜爱。

律动类音乐教育活动设计与实施

 **单元概述**

学前儿童律动活动是学前音乐教育的重要组成部分。律动，是以有韵律的身体动作或姿态表达对音乐的感受，它是培养幼儿感受音乐、理解音乐和创造性地表现音乐的最佳途径之一。律动教学的目的不在于律动动作本身，律动动作的姿态是否优美、集体动作是否整齐划一并不重要，律动教学的目的是让幼儿全身心投入音乐活动的审美体验中，它所要体现的是通过律动培养与发展幼儿对音乐的感受能力和表现能力。

 知识目标

1. 掌握适合不同年龄段幼儿音乐律动教学活动的教学方法。
2. 了解幼儿园律动类音乐教学活动的不同种类。

 能力目标

1. 能够适当选材，设计与实施幼儿园律动类音乐教学活动。
2. 能根据音乐素材引导幼儿用动作表达音的长短、力度和音乐走向。

 情感态度目标

1. 听到音乐后能产生用肢体动作表达内心情感的愿望。
2. 享受和幼儿一起在音乐中律动的美好时光。

任务一　运用律动活动表现音符时值——《新年好》（小班）

【活动目标】

（1）掌握借助律动活动表现音符时值长短的教学设计方法。
（2）能够结合简单的肢体动作创编适合幼儿的音乐活动。
（3）能够根据不同的音乐情绪，设计与组织风格迥异的律动活动。

【任务描述】

学前儿童律动类音乐教学活动是幼儿园音乐学习活动的基础，它贯穿于学前音乐教育的始终，是幼儿园音乐教学的重要组成部分。在律动教学中，应遵循由简到繁的学习原则。对幼儿园小班幼儿，要以音乐节奏律动为切入点，循序渐进，逐步深入律动活动。众所周知，音乐是时间的艺术，音乐的音符都在时间进行中展开和结束，音乐节奏的特点是通过音符时值的长短关系表现出来的，音符时值长短的有机组合构成了音乐发展的基本单位——节奏。因此，在学前音乐教育中带领幼儿进行音乐时值的律动活动是进行学前音乐教学的首要步骤。

【任务分析】

本任务的关键是设计与组织律动活动，以小班律动教学《新年好》为例，用两种肢体活动来表现歌曲中音符时值的长短变化。在设计律动活动时，要考虑到小班幼儿身体的发育规律，设计的活动既要有趣味性，又不能超出幼儿的接受能力范围。操作要点如下：

（1）教师拍手、跺脚等动作的节奏要准确无误，动作轻柔。
（2）幼儿园小班幼儿的肢体控制能力虽然较之前有较大进步，但幼儿仍然会出现手脚不协调的情况，因此教师选择歌曲时应注意音乐的速度不宜过快。

【知识储备】

律动又称为音乐动作，是在音乐伴奏下，根据音乐的节奏、节拍、速度、力度等有规律地、反复地做某一个动作或一组动作。律动教学最早是由瑞士音乐教育家达尔克罗兹提出来的。他认为：以往的音乐教育是非常音乐化的，不符合音乐教育的本性，不易于被学生接受。针对这一点，达尔克罗兹提出了"体态律动"的教学法。

体态律动音乐教学理论指出，人是通过自身的运动将内心的情绪转化为音乐的，人体本身就是乐器，因此，要进行音乐训练，只训练耳朵、嗓音、手指等是不够的，必须启发幼儿把乐曲的感情转化为具体的动作、节奏和声音，以唤醒人天生的本能，培养对人体极为重要的节奏感，建立身心的和谐，使感情更加细腻敏锐，使幼儿更加健康活泼，激发其想象力，促进其各方面学习能力的发展。在音乐教学中，要求幼儿把身体作为乐器，通过身体动作体验音乐节奏的速度、力度和时值变化，以培养幼儿利用听觉获得轻松、协调自

第一单元 律动类音乐教育活动设计与实施

如的节奏感为目的。

【任务实施】

步骤一：分析任务特点

该律动活动的音乐为英国童谣《新年好》，乐曲采用 | ×× × × | 节奏贯穿全曲，旋律主要运用模进手法，流畅优美，表现了人们在新年到来之际欢乐地歌舞、互相祝贺的愉快心情。这首歌流传于世界各地，尽人皆知，深受世界各国人民的喜爱。歌曲流畅上口，简单易学，3~4岁幼儿在做律动时完全能够胜任。演唱歌曲时教师应注意引导小朋友在表现上下功夫："新年好呀"是人们相互的问候，要唱得亲切柔和；"祝贺大家新年好"是对大家说的，要强一些、连贯一些；"我们唱歌，我们跳舞"应该唱得轻快跳跃，表现高兴心情的动作要步履轻盈；最后一句"祝贺大家新年好"是发自内心的祝福，要唱得饱满而充实。

步骤二：确定活动目标

（1）幼儿能够在音乐伴奏下，用手拍出或用脚踏出乐曲的每一个音符，感受音符时值的长短变化。

（2）幼儿能够在歌曲《新年好》的律动活动中，体会出乐曲欢快愉悦的气氛。

（3）幼儿能够对中西方过新年的习俗有初步的认识。

步骤三：准备活动道具

电脑、音响、投影仪、音频资料、与过新年相关的图片或视频。

步骤四：设计活动过程

（1）教师播放歌曲《新年好》，在播放音频时，教师同时要展示与过新年相关的图片或视频。

（2）教师随着音乐拍击乐曲的节奏，让幼儿感受每一个音符时值的不同。

相关链接

外国人过新年的习俗

新年意味着辞旧迎新，很多国家都有过新年的习俗。

美国：跨年夜活动多

美国新年最热闹的要属跨年夜，美国人会通过各种形式表达自己欢乐的心情。有的参加除夕盛宴，有的则到当地公共广场参加欢庆活动。在跨年夜，人们聚集在教堂、街头或者广场，唱诗、祈祷、祝福，一同迎接新年的到来。

美国是一个多民族融合的国家，印第安人在跨年夜会举行篝火晚会，一家人围在篝火边，载歌载舞。

俄罗斯：用枞树装点新年

每年的1月初是俄罗斯人狂欢的日子。为了欢度新年，俄罗斯各大城市主要广场及地标建筑都会用枞树装点一新。俄罗斯人也会把枞树买回家，用小饰品进行装饰，并把礼物放在枞树下送给亲友。

新年前夜，俄罗斯人会全家围在电视机前，听新年贺词，等候克里姆林宫斯巴斯克塔楼敲响新年钟声。还会有人在新年零时打开家门许愿，或点燃写下心愿的纸条。

德国：放烟花，吃鲤鱼

德国新年习俗与中国春节类似，放烟花的传统与中国"年"的传说如出一辙。在德国，一年之中只允许民众在12月31日至次年1月1日燃放烟花。对德国人来说，没有烟花的新年简直难以想象。

吃鲤鱼也是一些德国人过新年的习俗。人们在聚会时还会做一些有趣的游戏，比如"倒铅"，人们用蜡烛将勺子里的铅熔化，迅速倒入冷水中，待凝固后捞出，根据铅块儿的形状预测新年运势。

日本：听钟声，看歌会

日本人特别重视新年，每年的12月29日至次年1月3日是日本全国休假日。新年是日本一年中最盛大的节日，日本人把12月31日称为"大晦日"，这天午夜，各处寺庙钟声响108下，象征驱除108个魔鬼和烦恼，人们静坐聆听钟声，钟声停歇则意味着新年到来。

"红白歌会"是日本的"春晚"。与中国春晚不同，"红白歌会"始于1951年，是一场唱歌比赛。女性参赛者为红队，男性参赛者为白队，两队歌手交替上场。

泰国：泼水嬉戏度新年

每年4月13—15日是泰国传统新年"宋干节"。泰国人过宋干节就像中国人过春节一般，甚为隆重热闹。不同的是，中国人过年是在爆竹声中辞旧岁，而泰国人是在泼水狂欢中迎新年。节日期间，泰国举国欢庆，民众纷纷走上大街小巷，相互泼水嬉戏，在狂欢的喜悦之中迎来新年。

泰国人还会在宋干节期间举行各种宗教庆典和仪式，向僧侣布施，进寺庙聆听佛法宣讲，向佛像洒水表示尊敬、祈求平安。

印度：点油灯，戴珠宝

印度人按本民族的历法来过新年，印度各民族由于信仰不同，过新年的方式也不同。

以印度北部过新年为例，在印度旧历的最后一天（大约在公历10月下旬到11月上旬）举行排灯节。这个节日被视为财富女神希拉什米的节日。节日期间，家家户户都点亮象征光明和繁荣的蜡烛或油灯。多数家庭成员会穿新衣、戴珠宝，拜访亲友和同事，互赠甜食等。

（资料来源：2017年2月6日《人民日报》（海外版））

（3）让幼儿按照歌曲《新年好》的节奏强拍拍手、弱拍拍肩，教师清唱歌曲旋律，每唱一个音符，就拍一下。幼儿模仿教师的动作。

（4）教师播放歌曲，和幼儿一起在美妙的旋律中拍击双手或双肩，感受音符时值的长短变化。

（5）当幼儿能用手准确拍击每一个音符时，教师在音乐中示范如何用脚踏出每一个音符，并提示幼儿当踏到两个八分音符时，要注意换脚时节奏的把握。

（6）当绝大多数幼儿原地踏步的动作没有太大问题时，教师带领幼儿站起来，围成一个圆圈，还是一个音符踏一步，但这次是踏着节奏顺时针走，用这种方式来感受每个音符的长短变化。

（7）律动活动结束，幼儿在乐曲声中，在教师的带领下踏着节奏走出教室。

新 年 好

英国歌曲

杨世明　译配

【知识储备】

律动的动作一般分为原地动作和空间动作两类：原地动作包括拍手、拍肩、拍腿、跺脚、摇摆等动作；空间动作包括走、跑、蹦、跳等动作。不论原地动作还是空间动作，都可以和身体的高、中、低位置相结合，可以弯着腰走，也可以举着双手走，这些动作与歌曲的动作、表演等相互配合，以表示不同的节奏、旋律、和声、曲式等。总之，身体的各个部分就像乐队中的各个乐器声部一样，相互独立又协同配合。

步骤五：撰写活动方案

《新年好》

活动目标

（1）能够在音乐伴奏下，用手拍出或用脚踏出乐曲的每一个音符，感受音符时值的长短变化。

（2）能够在乐曲《新年好》的律动活动中，体会出乐曲欢快愉悦的气氛。

（3）能够对中西方过新年的习俗有初步的认识。

活动准备

（1）歌曲《新年好》音频资料、与过新年相关的图片和视频及播放设备。

（2）律动活动场地。

活动过程

（1）导入。教师播放歌曲《新年好》，同时展示过新年的图片或视频。

（2）教师带领幼儿做节奏律动活动。

首先，在乐曲伴奏下，教师带领幼儿按照歌曲《新年好》的节奏强拍手、弱拍肩，教师清唱乐曲旋律，每唱一个音符就拍一下。幼儿模仿教师的动作，感受音符时值的长短变化。

接下来，幼儿坐在椅子上，用双脚原地踏出乐曲的节奏。在此过程中，教师提示幼儿当踏到两个八分音符时，要注意换脚时节奏的把握。

然后，教师和幼儿围成一个圆圈，顺时针走，用步伐踏出乐曲的节奏，感受每个音符的长短不同。

（3）活动结束。幼儿在教师的带领下，在乐曲声中，踏着音乐节奏走出教室。

步骤六：开展活动

（1）分析学情。在活动实施前，教师应该进行学情分析，在对幼儿的理解力、接受力、兴趣点等多方面进行充分了解后，设计出教学方案，这样才能更好地达到效果。

（2）鼓励幼儿大胆参与活动。幼儿的个性千差万别，有的孩子外向开朗，热衷于教师安排的各种活动；有的孩子内向胆小，不善于表现，对教师设计的活动表现不积极。教师要善于引导内向的孩子参加同伴的活动，让他们体验音乐活动的乐趣，帮助他们树立自信心。

（3）评价幼儿在《新年好》律动活动中对音符时值变化的辨别能力。见表1-1。

表1-1 幼儿在《新年好》律动活动中对音符时值变化的辨别能力评价表

内容	已达到等级		
对音符时值的把握	听到长短不一的音符能准确控制自己的动作	大体能根据不同时值的音符做出相应的动作	基本无法区分音符时值的长短
对八分音符节奏的掌握	能准确打出节奏	大致能跟上节奏	找不到节奏

【任务评价】

见表1-2。

表1-2 运用律动活动表现音符时值
——律动活动《新年好》（小班）任务评价单

内容	评价要点	评价结果		
		优秀	良好	待改进
音乐材料选择	选择的乐曲整体速度适中，音符时值长短差别显著			
情境创设	情境创设能够体现乐曲意境，小班幼儿容易理解			
律动任务难易程度	符合绝大多数小班幼儿的认知水平，具有可操作性			
幼儿参与程度	幼儿乐于参与，在律动活动中体验音符时值的变化			

【任务小结】

能够区分音符时值的不同，是幼儿园小班音乐教学的一项基本任务。幼儿园小班的幼儿计算能力有限，如果从理论上给他们讲解音的时值长短，哪个音半拍，哪个音一拍，幼儿会觉得枯燥无味，难以接受，但如果利用律动来感受音的长短，幼儿就比较容易理解和掌握了。通过律动教学的方式学习音符的时值，可以增强幼儿感受乐曲的能力，体验音乐活动中美的情趣，提高幼儿对音乐的表现能力，使幼儿通过活动得以健康成长。

【拓展任务】

为《瑶族长鼓舞》（节选）设计能够表现出音符时值变化的律动活动（小班）。

《瑶族长鼓舞》（节选）是刘铁山、茂沅的管弦乐作品《瑶族长鼓舞》的第一主题部分，乐曲以舞蹈性节奏开始，模仿瑶族姑娘们敲击长鼓，邀请瑶寨的男女老少走出家门，来到寨中的空旷场地参加晚会的情景。乐曲委婉悠扬、徐缓幽静，描绘月光下瑶族山寨和平宁静的意境。由于节选的部分是行板段落，因此音乐节奏比较缓慢，3~4岁幼儿在做律动时完全能够胜任。在设计律动活动时，应注意以下要点：

(1) 选择恰当的活动方式，充分考虑小班幼儿的肢体活动能力，不可过于技巧化。
(2) 尽量选用生活中常见的物品做"乐器"。
(3) 体会乐曲中静谧祥和的瑶寨气氛。

瑶族长鼓舞（节选）

任务二　运用律动活动表现音乐力度——《狮王进行曲》（中班）

【活动目标】

（1）掌握借助律动活动表现音乐力度的教学设计方法。
（2）能够结合幼儿最熟悉的游戏活动或生活中常见的动作创编适合幼儿的律动教学活动。
（3）能够选取不同风格的音乐，设计与组织别具匠心的律动活动。

【任务描述】

幼儿音乐教育中借助律动活动表现音乐力度，就是要引导幼儿把自己的身体当作表达音乐的乐器，让幼儿在教师的引领下，依据乐曲的强弱规律，创造性地结合幼儿生活中经常进行的游戏活动，或是结合幼儿常见到的成人世界中的劳动动作，在律动活动中体验式地感受、理解、表现音乐的强弱变化。

【任务分析】

本任务的关键是设计与组织律动活动，以中班律动教学《狮王进行曲》为例，用拍球、擦地、钉钉子等动作表现出音乐进行中的强弱变化。在设计律动活动时，要考虑到中班幼儿的认知规律，设计的活动既要能够体现出音乐中的强弱对比，又要兼顾到幼儿的接受能力，选用他们日常生活中常见的娱乐活动或是生产劳动中的动作。教师示范的拍球与接球，擦地动作中的推拖把、拉拖把和钉钉子动作中右手敲击钉子与左手拿钉子等动作的节奏要准确、动作强弱要分明，易于幼儿分辨。

【知识储备】

音乐中的力度是音乐六大要素之一，它与音乐中其他要素一样，是塑造音乐形象和表达音乐思想的重要手段。我们所说的音乐中的力度，即音乐中的强弱，或者说音乐中的轻重。力度变化可以表达丰富的情感，并造成音乐的对比和发展。一般来说，力度越强，声音越大，音乐越紧张、雄壮；反之，力度越弱，声音越小，音乐越缓和、委婉。力度记号采用的是意大利文，在乐谱中，通常只记简写，见表1-3。

表1-3 音乐基本力度符号

符号	意义	符号	意义
$<$	渐强	$>$	渐弱
ff	很强	pp	很弱
f	强	p	弱
mf	中强	mp	中弱
sf	特强	sfp	特强后弱
fp	强后即弱		

这种力度在不同音乐节拍中的变化是有一定规律的，见表1-4。

表1-4 音乐节拍的力度

节 拍	力 度
2/2	f、p
2/4	f、p
3/4	f、p、p
4/4	f、p、mf、p
3/8	f、p、p
6/8	f、p、p、mf、p

📖【任务实施】

✈ 步骤一：分析任务特点

该律动活动的音乐选自法国作曲家卡米尔·圣-桑的管弦乐组曲《动物狂欢节》中的第一首《狮王进行曲》，乐曲用两架钢琴从弱转强的和弦颤奏，是兽王出场的威武先导，我们还没有看到狮子的身影，但在弦乐组中已经可以听到它那一阵强过一阵的咆哮声，这就是全曲的引子。接着，音乐的速度转快，两架钢琴模仿的是军号合奏，这种合奏作为兽王讲究排场的出场信号。随后，狮王便在威武的进行曲中出现了。狮王的出巡由主题的反复进行来表现，它的仪仗队（军号合奏的模仿）经常跟在它的身旁，狮王也不时用吼叫来显示它的威风（钢琴和低音弦乐器的半音进行乐句）。

✈ 步骤二：确定活动目标

（1）能够区分乐曲中音符的强拍和弱拍。
（2）能够听着音乐用肢体做出不同的动作，并能够在动作中体现出音的强弱变化。
（3）可以感受到进行曲威武强劲、铿锵有力的节奏。

✈ 步骤三：准备活动道具

电脑、音响、投影仪、与军队阅兵相关的图片或视频、小皮球、拖把、塑料充气锤。

✈ 步骤四：设计活动过程

（1）教师播放乐曲《狮王进行曲》，同时向幼儿展示与军队阅兵相关的图片或视频，提出问题：军队走得齐不齐？为什么他们的步伐能这么整齐？

相关链接

进行曲是一种具有强烈音乐节奏的音乐形式，最初是为军队的战斗生活而创，用以统一行进步伐，鼓舞军队的士气，后来逐渐被人们用于世俗音乐中。进行曲通常由军乐队演奏，常为大调式，以偶数拍做周期性反复，最常见的拍号是2/4、4/4、2/2和6/8拍，速度多在每分钟100~120拍。

卡米尔·圣-桑的管弦乐组曲《动物狂欢节》（The Carnival of the Animals）又称《动物园大幻想曲》，作于1886年，是一首十分独特的作品。

独特之一：乐器编制由两架钢琴与八件乐器（小提琴二，中提琴、大提琴、倍大提琴、长笛、单簧管、木琴各一）组成。

独特之二：组曲由多达十四个乐章组成。

独特之三：作曲家大量采用通常被认为最不足取的单纯音响模仿手法，可是却富于美感，逗人喜爱。

独特之四：也是最为独特的一点，乐曲中不仅用了他本人以前的音乐主题，而且还引用了其他作曲大师的许多旋律，并加以夸张、变形、漫画化。

这首《狮王进行曲》描写的是森林里的小动物聚在一起，要给狮王庆贺生日。大家拿来了各种乐器,叮叮当当地演奏起来。虽然是过生日,但是小动物们还是很紧张,因为它可是百兽之王呢!

狮王终于来了。只见它一步一步,走走停停,看上去威武极了。它走到了大家中间,张开大嘴叫了一声,又叫了一声,小动物都吓得发抖,以为狮王要吃了它们。但是狮王却说:"今天是我的生日,你们来为我庆贺生日,我很高兴。在这森林里,大家都是好朋友。我们一起庆贺吧!"小动物们总算松了口气,开心地跳起舞来,狮王也加入大家的行列中,快乐地过生日。

(2)上课教师在带班辅助教师的配合下,依照《狮王进行曲》的力度变化规律,借助道具带领幼儿开展适合幼儿的如下三种律动活动。

律动活动一:

1)教师做拍球示范,幼儿观看。在《狮王进行曲》的音乐中,强拍时教师将小皮球向上抛起,弱拍时接住皮球,循环往复,直到乐曲的第一段结束。当乐曲结束时,教师提示:在抛球时要稍微用一点力,不然球抛得太低;但又要注意不能用力过猛,否则球扔得太高,就不能在第二拍时准时接到皮球。抛球要适当用力,而接球时动作要轻柔。在做活动时,教师要适时提醒幼儿注意音乐中哪一拍是强拍,哪一拍是弱拍。

狮王进行曲

1 = C 4/4　　　　　　　　　　　　　　　　　　　〔法〕圣-桑　曲

> >　　　>　　　　>　　　　>
5 5 5 5 | 5 5 5 5 5 5 5 | 5 5 5 5 5 5 5 | 6 3 3 4. 3 2 3 |

1 7 6 7 1 2 7 - | 6 3 3 4. 3 2 3 | 1 2 3 2 1 7 1 - | 6 3 3 4. 3 2 3 |

1 7 6 7 1 2 7 - | 6 3 3 4. 3 2 3 | 1 2 3 2 1 7 1 - ‖

2)教师发给每个幼儿一个小皮球,播放音乐,让幼儿在音乐伴奏下练习抛接皮球。教师巡视,对那些不能区分强弱拍的幼儿给予指导。

动物狂欢节(组曲十三首)

曲一　序奏与狮王行进

〔法〕圣-桑　曲
马景林　改编

3）教师把幼儿分成两人一组，每组发放一个皮球，两个幼儿面对面传球。抛接球的动作与前述相同，依然是第一拍强拍时抛球，但要抛给对面小朋友；第二拍弱拍时，要轻轻接住对方抛过来的皮球。

4）教师总结：在做传球动作时，抛球的力量要大于接球的力量，这和乐曲中第一拍强（声音大）、第二拍弱（声音小）恰好一致。

律动活动二：

1）教师做擦地的示范动作，幼儿观看。在《狮王进行曲》的音乐中，强拍时教师用力向前推拖把，弱拍时轻轻往回拉拖把，反复重复这个动作，直到乐曲的第一乐段结束。当乐曲结束时，教师提示：在拖地时，每个向前推拖把的动作要多用一点力气，往回拉拖把时可以少用些力气。在做活动时，教师应适时提醒幼儿注意哪个动作要强，哪个动作要弱。

2）教师让每个幼儿模仿教师做擦地的动作，当教师看到有的幼儿没有掌握动作要领时，要及时给予指导和纠正。

律动活动三：

1）教师左手模仿拿钉子的动作，右手持塑料充气锤，随着音乐的节奏，用充气锤敲击钉子。在音乐中，强拍时教师用力敲击钉子，弱拍时教师做从旁边又拿了一个钉子的动作，循环往复，直到乐曲的第一乐段结束。当乐曲结束时，教师提示：在钉钉子时，用锤子敲击钉子时要用力，不然无法把钉子敲下去，但是在拿下一个钉子时应该轻轻拿。在做活动时，教师应不断提醒幼儿钉钉子的动作要强，拿钉子的动作要弱。

2）教师让每个幼儿都跟着音乐，模仿教师做钉钉子的动作，当教师看到有的幼儿没有跟上大家的动作时，要及时给予帮助和指导。

步骤五：撰写活动方案

《狮王进行曲》

活动目标

（1）幼儿能够在音乐伴奏下，通过三种律动活动感受乐曲中每一小节力度的强弱变化。

（2）幼儿能够在《狮王进行曲》的律动活动中，体会出进行曲威武雄壮、气势辉煌的气氛。

（3）幼儿能够感受到进行曲在行进过程中具有协调统一步调的作用。

活动准备

（1）活动道具：小皮球、拖把、塑料充气锤。

（2）乐曲《狮王进行曲》的音频资料、与军队阅兵相关的图片或视频及播放设备。

（3）律动活动场地。

活动过程

（1）导入。教师播放音乐，同时展示与军队阅兵相关的图片或视频，提出问题：为什么他们的步伐能这么整齐？

（2）教师提示幼儿，在齐步走喊口令"一二一"时，喊"一"迈左脚，喊"二"迈右脚。

（3）教师随着音乐踏步，在乐曲的强拍，教师踏左脚；乐曲的弱拍，教师踏右脚。

（4）教师带领幼儿做律动活动。在乐曲伴奏下，教师带领幼儿抛接小皮球，感受节拍的强弱变化。

（5）教师手拿拖把，演示擦地的动作，让幼儿观察哪个动作用力大，哪个动作用力小。

（6）教师带领幼儿做擦地动作，要求幼儿做出的动作要能够明显表现出强弱的差别。

（7）教师带领幼儿模仿钉钉子的动作，并提出要求：拿钉子的动作要轻，钉钉子的动作要重，让幼儿在动作中感受强弱。

（8）播放音乐，一共连续播放三遍。第一遍用抛接皮球感受音乐力度；第二遍用擦地动作感受音乐力度；第三遍用钉钉子动作感受音乐力度。

（9）活动结束。提示幼儿把道具放回原处，养成物归原处的好习惯。

步骤六：开展活动

（1）正确理解学前音乐教育的目的。在学前音乐教育阶段，最重要的不是教给幼儿音乐理论知识，而是培养幼儿对待音乐的态度和情感，唤起幼儿对音乐的热爱，因此在学前教育阶段，要将音乐理论知识分解，穿插到幼儿热衷的活动中去。

（2）鼓励幼儿大胆创新。教师在设计活动时，经常会碰到个别幼儿提出自己独到见解的情况，此时教师对幼儿的创造力应给予及时的鼓励，不要过于追究这个想法是否完全合乎情理。

（3）评价幼儿在《狮王进行曲》律动活动中对音乐力度的辨别能力，见表1-5。

表1-5　幼儿在《狮王进行曲》律动活动中对音乐力度的辨别能力评价表

内容	已达到等级		
对音乐力度的把握	听到强拍、弱拍的音符能准确做出反差较大的两个动作	大体能根据强弱力度变化做出相应力度的动作	基本无法区分音乐的强弱

【任务评价】

见表1-6。

表1-6　运用律动活动表现音乐力度——《狮王进行曲》（中班）任务评价单

内容	评价要点	评价结果		
		优秀	良好	待改进
音乐材料选择	选择的乐曲整体速度适中，音乐力度强弱差别显著			
情境创设	情境创设能够体现乐曲意境，中班幼儿容易理解			
律动任务难易程度	符合绝大多数中班幼儿的认知水平，具有可操作性			
幼儿参与程度	幼儿乐于参与，在律动活动中体验音乐力度的变化			

【任务小结】

让幼儿在律动活动中感受音符的强弱，是幼儿园中班音乐教学的一项基础任务。教师在教授音的强弱知识时，要通过幼儿能理解的动作表达出来，并让幼儿跟随教师依据音的强弱做出相应的动作：音强时，所做动作的幅度要大；音弱时，所做动作的幅度要小，以此律动活动来加强幼儿对音乐强弱的感受。

【拓展任务】

为舒伯特《军队进行曲》设计能够表现出音乐力度变化的律动活动（中班）。

军队进行曲

〔奥〕舒伯特 曲

舒伯特的这首作品创作于 1822 年前后,是钢琴联弹曲《军队进行曲》中的第一首,曲式结构为复三部曲式,描写了士兵行进时的雄姿和人们在街头欢迎士兵的场面,舒伯特所做的许多钢琴联弹曲中,包括三个进行曲集:三首《英雄进行曲》、两首《性格进行曲》、《军队进行曲》,其中以《军队进行曲》最为著名。在设计律动活动时,应注意以下要点:

(1) 在设计律动动作中要能够体现出 2/4 拍的力度变化。
(2) 创编第二拍强拍的动作时,既要顾及与弱拍的动作有明显区别,又要兼顾其不能超过歌曲中标有力度记号的部分。

任务三　运用律动活动表现音乐旋律走向——《大鞋和小鞋》(大班)

【活动目标】

(1) 能够选取容易被幼儿识记的曲调作为律动活动的音乐。

(2) 掌握借助律动活动表现音乐旋律走向的教学设计方法。
(3) 能够把握律动活动表现音乐旋律走向的特点，确定恰当的活动形式。

【任务描述】

对于旋律的认识、感受和表现是音乐教学的重要内容。学前儿童音乐教育中，通过律动活动表现音乐旋律走向，借助肢体活动，例如高举双手、弓腰走、蹲着走、迈步、退步等大肌肉运动，体会音的高低变化，可以使幼儿在律动活动中感受、理解、表现音乐的旋律变化，对音乐旋律的高低变化建立一种比较形象的对比感知。在音乐律动教学中，教师把音乐旋律高低走向的训练和节拍、节奏的训练相结合，可以使学前儿童律动教学内容更加丰富与完整。

【任务分析】

本任务以歌曲《大鞋和小鞋》为例，让幼儿在律动活动中表现音乐旋律的起伏走向。在设计律动活动时，要考虑大班幼儿的理解能力，设计的律动活动既要能够体现出音乐中旋律的起伏，又要兼顾幼儿运动能力发展程度差异。教师在设计律动活动时，既要考虑到活动的音乐性，又要考虑到幼儿的可操作性。具体要点如下：

(1) 教师在选取音乐材料时，要选用音程级进多、跳进少的旋律，这样可以降低活动的难度。
(2) 教师在做示范时，用肢体动作表现旋律起伏时应该放大动作的幅度，让幼儿能够明显区分出旋律的高低变化。
(3) 用肢体动作表示旋律的走向，只需表示出旋律的高低起伏即可，无须精确地表示出旋律中音程的变化度数。

【知识储备】

音乐旋律也称曲调，它是一系列乐音按照音高和节奏的组织，形成各种形态的连续进行。旋律是音乐的基础和灵魂，是音乐内容、音乐风格、音乐体裁、音乐形象的载体和主要表现形式。旋律是单声部音乐（独唱、独奏）的整体，是多声部音乐（重唱、重奏、合唱、合奏、交响乐）的主要声部。

旋律的类型有两种分类方法：按照人声与器乐在音色、音域、表现形式与体裁上的差别分类，旋律可以分为声乐旋律和器乐旋律。声乐旋律多数是歌唱性的旋律。它与人声条件、语言习惯密切相关，音域较窄，少用大跳音程和比较宽的复音。器乐旋律是富于节奏性和技巧性的旋律，音域较宽，有较大的音程跳进，速度、力度的变化幅度较大。按照思维性质的差别分类，旋律可以分为歌唱性旋律与朗诵性旋律。歌唱性旋律流畅、平稳，结构均衡、完整，表现力丰富。朗诵性旋律强调语言的特点，其音高和节奏变化近乎生活中的口语。

旋律的进行方向主要有四种：横向进行、上行进行、下行进行和波浪式进行。

【任务实施】

步骤一：分析任务特点

该律动活动的伴奏音乐是《大鞋和小鞋》，乐曲速度为中速，以 | × × | × × × | ×× × | 节奏为主，旋律采用了严格模进与自由模进的发展手法，且绝大多数音符为四分音符和八分音符，因此比较适合运用柯尔文手势进行教学示范，教师在唱《大鞋和小鞋》乐谱时，在不同高度展示每一个音的柯尔文手势，幼儿在聆听的过程中，通过观摩教师的手势，可以在脑中建立起音高与手势高低的联系，进而完成将抽象的音高用实际的肢体动作表现出来的转化过程。然后在此基础上，可以引导幼儿根据听到的音乐旋律用手指画出旋律线条，或是用步伐的进退表现出旋律的起伏走向。因为这首乐曲速度并不快，因此对于幼儿园5~6岁大班幼儿来说并不困难。

步骤二：确定活动目标

（1）幼儿能够在音乐伴奏下，用手指画出音乐的旋律线，感受旋律的高低起伏变化。

（2）幼儿能够在音乐伴奏下，用步伐的进退感受旋律的高低起伏变化。

（3）能够在《大鞋和小鞋》的韵律活动中，体会出当旋律起伏小时，音乐情绪平缓；当旋律起伏大时，音乐情绪激动。

步骤三：准备活动道具

钢琴（或电钢琴）、电脑、音响、投影仪、粉笔、柯尔文手势图谱。

步骤四：设计活动过程

（1）教师展示柯尔文手势图谱，并讲解每一个手势代表的音符。教师让幼儿对照投影仪上的图谱，看教师所做的手势，并大声说出这个手势所代表的音符。

相关链接

匈牙利音乐教育家佐尔坦·柯达伊在他的教学体系中以首调唱名法、节奏柯尔文手势为基本教学工具。首调音级的字母：d、r、m、f、s、l、t，完全的写法是：do、re、mi、fa、sol、la、ti。使用临时升降记号时需要改变元音的发音。例如升 fa 为 fi，降 ti 为 ta，其他变化音级也同此规律。节奏教学采用法国视唱练耳中所用的相似的音节系统，并用符干记谱，用特定的音节来代替特定的时值，让儿童用节奏唱名唱出所选歌曲的节奏、节奏型，从而体会到节奏唱名的时值；柯达伊在他的教学体系中不断探索如何用身体动作表现音乐旋律走向，他尝试着引用了柯尔文的手势音阶，形象具体地把音阶的高低用肢体的空间变化展示出来：在身体的正前方，用不同的手势动作和不同的高低位置表示音高，用直观的动作帮助学生建立音高概念。柯尔文手势是由英国人约翰·柯尔文在1870年首创的。包括七种不同的姿势，各代表音阶中固定的某一唱名，通过在空间所处的直观形象化的不同高低位置，帮助儿童通过视觉感受加深对音程空间感及各音之间高低关系的理解。如图 1-1 所示。

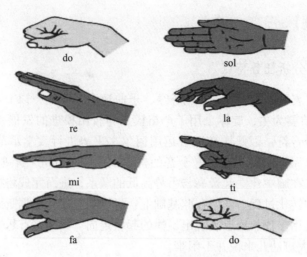

图1-1 柯尔文手势图解

（2）教师用柯尔文手势做出《大鞋和小鞋》乐谱中的每个音符。之后，教师按照乐曲的节奏，在柯尔文手势的辅助下完整地唱出这首歌曲的旋律。

（3）教师伸出食指，放在胸前，让幼儿跟随教师，听着音乐，画出旋律的走向。教师示范，幼儿模仿。在此过程中，不要求幼儿所画的旋律线条与乐曲中音程的度数完全一致，只要能够听到旋律上行手指向上画，听到下行手指向下画即可。幼儿在教师的带领下，一乐句画一条旋律线，整首乐曲一共四乐句，需要画四条旋律线。

（4）教师用粉笔在地上画一条长长的直线，告诉幼儿这条线就是乐曲中的第一个音 sol，听教师唱乐谱，当教师唱到 sol 时就要站到线上；当教师唱的音比 sol 高时，要往前走；听到教师唱的音比 sol 低时，要往后退。教师示范一遍之后，幼儿跟随教师一起做进退步的律动活动，来表现音乐旋律的走向。

大鞋和小鞋

金　潮　词
汪　玲　曲
栾　珺　编配

（5）当绝大多数幼儿能够跟着教师随着音乐做进退步的律动活动时，教师带领幼儿围成一个圆圈，踏着节奏顺时针走，在走的过程中要听教师唱《大鞋和小鞋》的乐谱。当教师唱乐曲的第一个音 sol 时，所有幼儿都边走边把手放在肩膀两侧；当听到的音高于 sol 时，就向上举双手；当听到这首乐曲的最高音 la 时，要把双手高高举过头顶，甚至踮着脚尖走；当听到的音低于 sol 时，要边走边放下双手；当听到的音更低时，可以弓着腰、屈着膝走；当听到这首乐曲的最低音 do 时，可以很夸张地蹲下，以表现出旋律的下行。

（6）在三个律动活动结束后，教师引导幼儿，当乐曲的旋律起伏小时，律动动作也要小，这时音乐情绪比较平缓；当乐曲的旋律起伏大时，律动动作也要变得幅度很大，动作很夸张，因为这时音乐的情绪很激动。教师带领幼儿用三种律动方式着重演绎一遍乐曲的第三、四乐句，教师在律动的同时，提醒幼儿注意第三乐句 re 到第四乐句 la 之间的音程大跳，此处是该曲情绪最为激动的地方，因此这里的律动动作也要比较夸张。

步骤五：撰写活动方案

《大鞋和小鞋》

活动目标

（1）幼儿能够在音乐伴奏下，用手指画出旋律线，感受音符的高低起伏变化。

（2）幼儿能够在音乐伴奏下，用步伐的进退感受音符的高低起伏变化。

（3）幼儿能够在歌曲《大鞋和小鞋》的律动活动中，体会出当旋律起伏小时，音乐情绪平缓，当旋律起伏大时，音乐情绪激动的规律。

活动准备

（1）钢琴（或电钢琴）。
（2）电脑、音响、投影仪、歌曲《大鞋和小鞋》的音频资料。
（3）粉笔、柯尔文手势图。
（4）律动活动场地。

活动过程

（1）导入。教师展示柯尔文手势图，问幼儿："你们能不能模仿出这些手势？"然后继续问："这些手势哪个举得最高？哪个手势举得最低？"
（2）认识柯尔文手势，教师讲解每一个手势代表的音符，并让幼儿对照投影仪上的图谱，看教师所做的手势，大声说出这些手势所代表的音符。
（3）教师用柯尔文手势演示歌曲《大鞋和小鞋》乐谱中的每个音符，让幼儿看着手势唱出音符。
（4）教师按照歌曲的节奏，在柯尔文手势的辅助下，完整地唱出这首歌曲的旋律。
（5）教师带领幼儿做律动活动。
①在歌曲伴奏下，教师带领幼儿用手指画出乐谱的旋律走向。
②教师带领幼儿用进退步走出歌曲的旋律走向。
③教师和幼儿围成一个圆圈，顺时针走，用举起的双臂表示旋律的高低变化。
（6）教师引导幼儿思考："在乐曲进行到哪里时我们的动作变大了？在动作幅度突然变大时，我们的内心是平静的，还是兴奋的？"
（7）幼儿在教师的带领下，听着音乐，边走边随着旋律变化挥舞双臂，同时感受内心平静和激动的交替。
（8）活动结束。

步骤六：开展活动

（1）教师在选取音乐材料时，要选用旋律进行比较平缓，速度为中速或行板的乐曲，这样可以降低律动活动的难度。
（2）用肢体动作表示旋律的走向，只需表示出旋律的高低起伏即可，无须精确地表示出旋律中每一个音程变化的度数。
（3）评价幼儿在歌曲《大鞋和小鞋》律动活动中对音乐旋律走向的辨别能力，见表1-7。

表1-7 幼儿在《大鞋和小鞋》律动活动中对音乐旋律走向的辨别能力评价表

内容	已达到等级		
听到音乐能够分辨出音的高低	听到音符的高低变化，能准确判断旋律走向，同时用动作表现出来	大体能根据旋律走向，用较为含糊的动作表现出旋律走向	基本无法区分音的高低变化

续表

内容	已达到等级		
能够区分旋律中音程的级进与跳进	能准确辨别出跳进的音程	大致能辨别出跳进的音程	无法辨别出跳进音程

【任务评价】

见表 1-8。

表 1-8 运用律动活动表现音乐旋律走向——《大鞋和小鞋》（大班）任务评价单

内容	评价要点	评价结果		
		优秀	良好	待改进
音乐材料选择	选择的乐曲整体速度适中，旋律以级进音程为主，辅以少量跳进音程			
任务难易程度	符合绝大多数大班幼儿的认知水平，具有可操作性			
律动活动氛围	活动氛围轻松愉悦，每个幼儿都能从律动活动中享受到音乐带来的快乐和喜悦			
幼儿参与程度	幼儿乐于参与，在律动活动中体验旋律高低起伏的变化			

【任务小结】

识别旋律、记忆旋律是幼儿园音乐教学中的一项基本任务。通过律动活动的方式表现音乐旋律的高低，可以提高幼儿的专注力，充分调动幼儿的学习积极性，增强幼儿的音乐学习热情。幼儿在边听边画、边听边走的律动学习方式下，能够集中注意力，有助于幼儿识别、记忆乐曲的旋律，领悟乐曲的情绪。

【拓展任务】

为歌曲《欢乐颂》设计能够表现出旋律进行高低变化的律动活动（大班）。

《欢乐颂》这首歌曲选自贝多芬《第九交响曲》（又称《合唱交响曲》）中第四乐章的一段，乐曲速度为中速，且绝大多数音符为四分音符，因此比较适合运用柯尔文手势进行教学示范。因为这首乐曲速度较慢，所以对于幼儿园 5~6 岁大班幼儿来说并不困难。在设计律动活动时，应注意以下要点：

欢 乐 颂
贝多芬《第九交响曲》主题

〔德〕贝多芬 曲

(1) 在设计活动时，动作是否精准到位并不重要，能够根据旋律的起伏调整律动动作才是该活动的最终目的。

(2) 尽量选用简单直观的动作。

(3) 体会乐曲的高低起伏，以及人类经过奋斗最终进入自由、欢乐之神圣理想境界的情绪。

【单元总结】

学前儿童的律动教学活动，就是要在幼儿园的课堂教学中通过幼儿的身体合乐运动，再现音乐基本要素和情绪的活动。律动教学的应用范围非常广泛，尤其在当今以活动为主的音乐教学中，律动是一种非常有效的教学形式。教师在进行幼儿的节奏感训练时，可以将幼儿的手、脚、口、心都充分调动起来，手打节拍，脚走节奏，口唱旋律，用心体验音乐的律动和情感。

在设计律动活动的过程中，教师要选择恰当的活动形式，充分考虑各个年龄段幼儿的活动成果，不可过于复杂化。在实施活动的过程中，要避免使用单一的标准去衡量幼儿的活动成果，教师应当关注每一个幼儿的独特之处，抓住每一个幼儿的闪光点加以肯定，让幼儿在教师的激励中充分参与音乐活动，大胆展示自我。

【单元练习】

任选幼儿园一个班,观摩一节音乐律动活动,分析该活动属于哪一种律动活动形式,观察授课教师是如何将律动动作融合到音乐中来设计活动的。以该活动为例,思考如何用另外两种律动方式重新设计活动。

歌唱类音乐教育活动设计与实施

 单元概述

学前儿童歌唱活动是学前音乐教育的重要组成部分。歌唱，是人类表达、交流思想感情的最自然的方式之一，也是儿童表达自我思想的一种方法。对于儿童来说，歌唱是生活中不可缺少的一个重要组成部分。歌唱既能给儿童的生活带来无穷的乐趣，同时还具有重要的教育价值，即在潜移默化的审美教育熏陶中陶冶儿童的情操、启迪儿童的心智、完善儿童的品格。

 单元目标

本单元主要介绍作为一名幼儿教师，应该如何设计与指导歌唱教学活动，以歌唱的方式激发幼儿学习音乐的热情，使幼儿在歌唱活动中掌握一些初步的表现方法，让幼儿在歌唱活动的过程中学会有感情地唱歌，更好地感受和理解歌曲所表达的思想情感内容。

知识目标

（1）掌握适合不同年龄段幼儿音乐歌唱教学活动的教学方法。
（2）了解幼儿音乐歌唱类教学活动的不同种类。

能力目标

（1）能够适当选材，设计与实施幼儿园歌唱类音乐教学活动。
（2）能根据音乐素材引导幼儿用歌唱表达情感，学会感受和理解歌曲所表达的思想情感。

 情感态度目标

（1）听到音乐后能产生用歌唱表达内心情感的愿望。
（2）享受和幼儿一同在音乐中歌唱的美好时光。

第二单元 歌唱类音乐教育活动设计与实施

任务一 在歌唱活动中培养乐感——《数鸭子》（小班）

【活动目标】

（1）掌握在歌唱活动中对音乐基本要素的感知和再现方法。

（2）能够利用歌曲材料，对幼儿的节奏感、旋律感、结构感、音色感、速度感和力度感进行训练和培养。

（3）能够根据不同的儿歌素材，设计与组织丰富多彩的歌唱活动。

【任务描述】

学前儿童歌唱类音乐教学活动是幼儿园音乐学习活动的基础，它贯穿于学前音乐教育的始终，是幼儿园音乐教学不可缺少的重要组成部分。随着年龄的增长及歌唱活动经验的不断积累，幼儿对歌唱活动的积极态度和初步的兴趣爱好逐渐得到巩固，歌唱的技能进一步得到发展，对歌曲结构的感受也日趋合理、完善，能够从音高轮廓飘浮不定到准确地再现音高，音域从窄到宽，节奏从单调、散漫到丰富而有组织，调式感从模糊不定到准确……各方面的能力和表现都随着年龄的增长、环境的变化、教育的引导及各种内外部因素的共同影响而逐渐地向更合理、完善的方向发展。

【任务分析】

本任务的关键是在歌唱活动中培养乐感，以小班歌唱教学《数鸭子》为例，用不同的身体动作来表现歌曲中鸭子数量的变化，用不同的音色处理来体现幼儿和老爷爷身份的转换。在设计歌唱活动时，要考虑到小班幼儿歌唱能力的发展规律，设计的活动既要有趣味性，又不能超出幼儿的接受能力范围。操作要点如下：

（1）教师在培养节奏感活动过程中的拍手或跺脚、拍肩或拍腿动作的节奏，培养旋律感活动过程中用手指点线间动作的节奏，培养结构感活动过程中的大指、二指和三指卷屈、四指和五指对碰模仿鸭子张嘴动作的节奏要准确无误，动作到位。

（2）幼儿园小班幼儿的方向感虽然较之前有较大进步，但幼儿仍然会出现瞬间方向感反应不灵敏的情况，因此教师应注意演唱的速度不宜过快。

【知识储备】

歌唱是由个人或者团队，经由专业或者非专业训练后，借由声带发出的优美动听的声音，不用于日常交流，仅用于抒情和艺术的表达。

歌曲是用歌唱的方式演唱出来的一种文学，是结合旋律、歌词和节奏朗诵的综合艺术体裁。

不同的歌曲形式可以表现出歌曲不同的演唱效果。可根据幼儿园小朋友在歌唱活动中歌唱者的人数和表演方式的不同，将歌唱的方式分为如下几种：

（1）独唱：一个人独立地歌唱或独自歌唱。

（2）齐唱：两个或两个以上的人在一起整齐地演唱完全相同的曲调和歌词。

（3）接唱：包括个人对个人的接唱和小组对小组的接唱。常见的形式是半句半句地接唱和一句一句地接唱。

（4）对唱：包括个人与个人、小组与小组、小组与个人之间的问答式的歌唱。

（5）领唱齐唱：一个人或几个人演唱歌曲中比较主要的部分，集体演唱歌曲中配合的部分。

（6）轮唱：两个小组（声部）一先一后按一定间隔开始演唱同一首歌曲。

（7）合唱：集体演唱多声部声乐作品的艺术门类。

（8）歌表演：一边歌唱一边做身体动作表演。

【任务实施】

步骤一：分析任务特点

该歌唱活动的歌曲为《数鸭子》，歌曲生动活泼，贴近幼儿性格。乐曲采用 | × ×× × | × × ×× × 0 | 节奏贯穿全曲，旋律发展主要运用变化重复手法，充满了童真童趣，深受小朋友的喜爱。歌曲流畅上口、简单易学，3~4岁幼儿在做律动时完全能够胜任。演唱时教师应注意引导小朋友在表现上下功夫："门前大桥下，游过一群鸭"是平实的叙述，要唱得亲切柔和；"快来快来数一数，二四六七八"是对小朋友的召唤，要强一些、连贯一些；"咕嘎咕嘎，真呀真多呀"应该唱得轻快跳跃，表现高兴心情的动作要步履轻盈；最后一句"数不清到底多少鸭"是发自内心的惊叹，要唱得饱满而充实。

步骤二：确定活动目标

（1）幼儿能够在音乐伴奏下，用手拍出或用脚踏出乐曲的每一个音符，感受音符时值的长短变化。

（2）能够在乐曲《数鸭子》的律动活动中，体会出乐曲欢快愉悦的气氛。

（3）幼儿能够对与小鸭子相关的诗文有所了解。

步骤三：准备活动道具

电脑、音响、投影仪、歌曲《数鸭子》音频、有关鸭子的图片PPT。

步骤四：设计活动过程

（1）教师播放歌曲《数鸭子》，在播放音频时，展示鸭子的图片PPT。

（2）教师随着音乐，边拍击节奏边唱《数鸭子》，让幼儿感受歌曲的旋律起伏变化。

相关链接

休止符是用于音乐的乐谱上，标记音乐暂时停顿或静止和停顿时间长短的记号。休止符的使用，可制造出音乐乐句中不同的情绪表达。休止符的命名主要依据停顿时间长短，可分为倍全休止符、全休止符、二分休止符、四分休止符、八分休止符、十六分休止符、三十二分休止符、六十四分休止符。休止符也可以加上附点,来调整音乐停顿的长度,命名为原休止符名,前面加上"附点"两字,例如"附点二分休止符"。见表2-1。

表2-1 休止符和音符名称、形状及时值

休止符名称	休止符形状	音符名称	音符形状	时值 (以四分音符为一拍)
全休止符	▬	全音符	o	4拍
二分休止符	▬	二分音符	𝅗𝅥(♩)	2拍
四分休止符	𝄽	四分音符	♩(♩)	1拍
八分休止符	𝄾	八分音符	♪(♫)	$\frac{1}{2}$拍
十六分休止符	𝄿	十六分音符	♬(♬)	$\frac{1}{4}$拍
三十二分休止符	𝅀	三十二分音符	♬(♬)	$\frac{1}{8}$拍

(3) 活动一(培养节奏感):

教师做示范,幼儿观看。教师在伴奏音乐中唱《数鸭子》,强拍时教师拍手或跺脚,弱拍时拍肩或拍腿,循环往复,直到乐曲的第一段结束。当乐曲结束时,教师提示:在拍手或跺脚时强拍要稍微用一点力,以体现出强拍和次强拍的区别;但又要注意不能用力过猛,否则手或脚会疼。做活动时,教师要适时提醒幼儿注意音乐中哪一拍是强拍,哪一拍是次强拍,哪一拍是弱拍。

(4) 活动二(培养旋律感):

教师教小朋友在课桌上画五条线(或放五根雪糕棒)做旋律起伏示范,幼儿观看。教师在伴奏音乐中唱《数鸭子》,用手指点出音符高低的位置,3音在五条线(或五根雪糕棒)的最中间,比3音高的音手指点上方相应的线间位置;比3音低的音手指点下方相应的线间位置,循环往复,直到乐曲的第一段结束。教师巡视,对那些不能区分旋律高低起伏位置的幼儿给予指导。

(5) 活动三(培养结构感):

教师帮助小朋友感知、理解乐句的开始和结束,用大指、二指和三指卷曲,四指和五指对碰模仿鸭子张嘴的动作,教师在伴奏音乐中唱《数鸭子》,一、三、五、七、九乐句四指和五指对碰做向左边游动的动作,二、四、六、八、十乐句四指和五指对碰做向右边游动的动作,循环往复,直到乐曲的第一段结束。教师巡视,对那些不能区分乐句起始和终了的幼儿给予指导。

数鸭子

王嘉祯 词
胡小环 曲

中速 活泼地

1=C 4/4 X X XX X | XX XX X 0 | XXXXXX X | XX XX X 0 |
（白）门 前 大桥 下， 游过 一群 鸭， 快来快来数一 数， 二四 六七 八。

‖: (1̇ 1̇ 5 5 3 6 5 3 | 2 1 2 3 1 0) | 3 1 3 3 1 | 3 3 5 6 5 0 |
　　　　　　　　　　　　　　　　　门 前 大桥 下， 游过 一群 鸭，
　　　　　　　　　　　　　　　　　赶 鸭 老爷爷， 胡子 白花 花，

6 6 5 5 4 4 4 | 2 3 2 1 2 0 | 3 1 0 3 1 0 | 3 3 5 6 6 0 |
快来快来数一数， 二四 六七 八， 咕 嘎 咕 嘎 真呀 真多 呀，
唱呀唱着家乡戏， 还会 说笑 话， 小 孩 小 孩 快快 上学 校，

1̇ 5 5 6 3 | 2 1 2 3 5 - | 1̇ 5 5 6 3 | 2 1 2 3 1 - :‖
数 不清到 底 多 少 鸭， 数 不清到 底 多 少 鸭。
别 考个鸭 蛋 抱 回 家， 别 考个鸭 蛋 抱 回 家。

（白）X X XX X | XX XX X 0 | XX XXXX X | XX XX X 0 ‖
门 前 大桥 下， 游过 一群 鸭， 快来快来数一数， 二四 六七 八。

（6）活动四（培养音色感）：

教师带领小朋友在伴奏音乐中唱《数鸭子》，要求小朋友用自己自然的声音来唱第一段歌词，而唱第二段歌词时要用粗粗的、厚厚的、重重的嗓音来模仿老爷爷的声音，通过不同嗓音的模仿来表现儿童和老人音色的区别，更有利于对歌曲情感的表达。

（7）歌唱活动结束，幼儿在伴奏音乐声中，在教师的带领下唱着歌曲《数鸭子》走出教室。

【知识储备】

幼儿园3~6岁幼儿歌唱的基本技能有如下几点：

（1）姿势：身体正直；两眼平视；双肩放松；两臂自然下垂；两脚自然分开。

（2）发声：用自然的声音唱歌；不大声喊叫；下巴放松；嘴巴自然打开；不过分克制音量。

（3）呼吸：自然呼吸；均匀用气；能做到呼吸时不耸肩、不出声、不仰脖；按乐句规律来换气。

（4）咬字吐字：按咬字吐字的需要，灵活自如地变换口型。

（5）音准：听音乐唱歌；不大声喊叫着唱歌；注意从听唱两方面互相配合。

（6）协调一致：与他人唱歌时不突出自己的声音；做到不抢拍；保持在音量、音色、节奏等方面的协调，以及声音表情、脸部表情和动作表情的和谐一致。

（7）保护嗓音：不大声喊叫唱歌；不长时间连续唱歌；不在剧烈活动后唱歌；生病时不唱歌；不在尘土飞扬的环境中唱歌；不迎风唱歌。

步骤五：撰写活动方案

《数鸭子》

活动目标

（1）能够在音乐伴奏下，用拍手或跺脚、拍肩或拍腿动作，手指点线间动作，大指、二指和三指卷曲，四指和五指对碰模仿鸭子张嘴动作，感受歌曲旋律的高低起伏变化。

（2）能够在乐曲《数鸭子》的歌唱活动中，体会出歌曲活泼幽默的气氛。

（3）能够在教师的引导下，对与小鸭子相关的诗文有所了解并喜爱。

活动准备

（1）歌曲《数鸭子》的音频资料及播放设备。

（2）多媒体音乐教室。

活动过程

（1）导入。教师播放歌曲《数鸭子》，在播放音频时，展示鸭子的图片PPT。

（2）教师带领幼儿在歌唱中进行培养乐感的活动。

首先，教师在伴奏音乐中唱《数鸭子》，强拍时教师拍手或跺脚，弱拍时拍肩或拍腿，循环往复，直到乐曲的第一段结束。当乐曲结束时，教师提示：在拍手或跺脚时强拍要稍微用一点力，以体现出强拍和次强拍的区别；但又要注意不能用力过猛，否则手或脚会疼。做活动时，教师要适时提醒幼儿注意音乐中哪一拍是强拍，哪一拍是次强拍，哪一拍是弱拍。

接下来，教师教小朋友在课桌上画五条线（或放五根雪糕棒）做旋律起伏示范，在伴奏音乐中唱《数鸭子》，用手指点音符高低的位置，3音在五条线（或五根雪糕棒）的最中间，比3音高的音手指点上方相应的线间位置；比3音低的音手指点下方相应的线间位置，循环往复，直到乐曲的第一段结束。教师巡视，对那些不能区分旋律高低起伏位置的幼儿给予指导。

然后，教师帮助小朋友用大指、二指和三指卷屈，四指和五指对碰模仿鸭子张嘴的动作，在伴奏音乐中唱《数鸭子》，一、三、五、七、九乐句四指和五指对碰，做向左边游动的动作，二、四、六、八、十乐句四指和五指对碰，做向右边游动的动作，循环往复，直到乐曲的第一段结束。教师巡视，对那些不能区分乐句起始和终了的幼儿给予指导。

最后，教师带领小朋友在伴奏音乐中唱《数鸭子》，要求小朋友用自己自然的声音来唱第一段歌词，而唱第二段歌词时要用粗粗的、厚厚的、重重的嗓音来模仿老爷爷的声音，通过嗓音的模仿来表现儿童和老人不同的音色。

（3）歌唱活动结束，幼儿在伴奏音乐声中，在教师的带领下唱着歌曲《数鸭子》走出教室。

延伸阅读

惠崇《春江晓景》

〔宋〕苏轼

竹外桃花三两枝，春江水暖鸭先知。

蒌蒿满地芦芽短，正是河豚欲上时。

苏轼这首题画诗既再现了原画中的江南仲春景色，又融入了诗人合理的想象，与原画相得益彰。"竹外桃花三两枝，春江水暖鸭先知"，开头两句紧紧抓住画面景物，又突出重点。竹林、桃花为江岸之景；鸭子为江中之景，是画面的重心所在。据诗意，惠崇这幅画是"鸭戏图"，"春江水暖"用"鸭先知"来加以表现，令人拍案称奇。诗人在这里凭感觉和想象再现了暖融融的春意，移情于物，把画面无法表现的内容活灵活现地表现了出来。"蒌蒿满地芦芽短，正是河豚欲上时"，这两句前者仍是画面之景，后者是出于诗人的想象。遍地蒌蒿，芦苇刚刚吐芽，点出的是江南二月。诗人正是看到画面上的蒌蒿和芦苇，便想到以之做烹调佐料的河豚，合情合理。河豚生活在近海，每到春季江水上涨的时候，便逆江而上，在淡水中产卵，然后再游回到近海，江边人捕捉后，便拿到市场上去卖。这句虽离开画面，但仍写春江，题画而不拘泥于画。这首诗有实有虚，虚实相生，不仅真实地再现了"春江晓景"，而且又通过想象弥补了所不能表现的内容，生动形象而又极富生活气息。

步骤六：开展活动

（1）分析学情。在活动实施前，教师应进行学情分析，教师在对幼儿的理解力、接受力、兴趣点等多方面进行摸查后所设计出的教学方案才能够更好地达到其效果。

（2）鼓励每个幼儿大胆参与活动。幼儿的个性千差万别，有的外向开朗，热衷于教师安排的各种活动；有的内向胆小，不善于表现，对于教师设计的活动表现不积极。教师要善于引导内向的孩子参与到同伴的活动中来，让他们体验音乐活动的乐趣，帮助他们树立自信心。

(3) 评价幼儿在《数鸭子》歌唱活动中对音乐的感知能力。见表2-2。

表2-2 幼儿在《数鸭子》歌唱活动中对音乐的感知能力评价表

内容	已达到等级		
对歌曲节奏的把握	能准确打出节奏	大致能跟上节奏	找不到节奏
对歌曲旋律的掌握	能准确判断旋律高低起伏的走向	大致能跟着旋律的高低起伏的走向	无法判断旋律高低起伏的走向
对歌曲结构的感知	能准确找到歌曲起始处	大致能跟着找到歌曲起始处	找不到歌曲起始处
对歌曲音色的处理	能用不同嗓音生动表现不同的人物或动物	能用不同嗓音大致表现不同的人物或动物	无法用不同嗓音表现不同的人物或动物

【任务评价】

见表2-3。

表2-3 在歌唱活动中培养乐感——歌唱活动《数鸭子》（小班）任务评价单

内容	评价要点	评价结果		
		优秀	良好	待改进
教学目标	设计的活动难易适中，每个幼儿都能在活动中找到自己的兴奋点所在			
活动内容	教学内容能够围绕教学目标设计，选择恰当，安排合理			
情境创设	符合歌曲的意境，幼儿易于理解			
幼儿参与程度	幼儿在歌唱活动中情绪愉快、态度积极、乐于参与			

【任务小结】

培养幼儿具有良好的乐感,是幼儿园小班歌唱教学活动的一项基本任务。幼儿园小班的孩子理解能力有限,如果从理论上给他们讲解旋律音程的概念,哪个音比哪个音高几度或低几度,幼儿会丈二和尚摸不着头脑,但如果边歌唱边用身体动作来感受歌曲旋律的高低起伏走向,幼儿就比较容易理解和接受了。通过歌唱教学活动培养幼儿的节奏感、旋律感、结构感、音色感,可以增强幼儿对歌曲整体乐感的把握,使幼儿感受到自己身上就携带着一件世界上最昂贵、最美妙的乐器——嗓音,提高幼儿运用嗓音表现歌曲、表达情感的能力,使幼儿通过歌唱活动敢于自信地、有表情地唱出自己喜爱的歌曲。

【拓展任务】

为法国童谣《小星星》设计能够培养幼儿乐感的歌唱活动(小班)。

小 星 星

〔英〕珍·泰勒 词
〔奥〕莫扎特 曲

《小星星》是一首法国童谣,歌曲由四分音符和二分音符构成,结构简单工整、曲调活泼流畅,描绘出天空中的小星星像小孩儿的眼睛一样闪闪发光的意境。歌曲为4/4节拍,音乐节奏适中,并且音域在六度之内,因此3~4岁幼儿在进行歌唱活动时完全能够胜任。在设计歌唱活动时,应注意以下要点:

(1)选择恰当的演唱方式,充分考虑小班幼儿的嗓音特点,不可过于追求技巧。

（2）尽量选用简单易行的身体动作配合歌唱。
（3）体会乐曲中浩瀚的太空与孩子的眼睛所传递出的纯净。

任务二　在歌唱活动中培养创造力——《幸福拍手歌》（中班）

【活动目标】

1. 掌握在歌唱活动中创编动作和歌词的方法。
2. 能够利用歌曲材料，帮助并启发幼儿学会创编动作和歌词。
3. 能够根据不同的儿歌素材，在歌唱活动中培养幼儿的创造力。

【任务描述】

在幼儿园歌唱活动中，教师要有意识地在引导幼儿在歌唱的同时，为他们提供有利于培养创造性的活动和机会，以发展幼儿的创造力。其活动形式一般有创编动作和创编歌词两种：为歌曲创编动作，是创造性歌唱活动中最常见的一种形式。对于结构简单工整，歌词内容富有动作性的歌曲，可以引导幼儿展开一定的想象，为歌曲编出生动形象而有趣的表演性动作。另外，幼儿常常喜欢重复地演唱某些歌曲中他们认为特别有趣的部分，或将某些滑稽而新奇的词填到歌曲中取代原有的歌词。其实，这正是幼儿创编歌词活动的来源。在幼儿园的歌唱活动中，利用创编动作和创编歌词的活动来培养幼儿的创造力，已成为一种较为普遍的活动形式。

【任务分析】

本任务的关键是在歌唱活动中培养创造力，以中班歌唱教学《幸福拍手歌》为例，用拍手、跺脚、伸腰、挤眼、拍肩等动作和歌词的变化，借助创编动作和创编歌词两种方式在歌唱活动中培养幼儿的创造力。在设计歌唱活动时，要考虑到中班幼儿歌唱能力的发展规律，设计的活动既要有趣味性，又要层层递进、难度适中。操作要点如下：

（1）教师在创编动作过程中的拍手、跺脚、伸腰、挤眼、拍肩等动作节奏要准确无误，动作到位。
（2）幼儿园中班幼儿的音域虽然较之前有所扩展，但应以不超过七度为宜，因此教师应注意伴奏时调式的确立及音区的选择。

【知识储备】

进行动作创编和歌词创编活动时，教师一方面应注意启发儿童运用生活经验，引导幼儿多观察周围生活，积累一定的动作语汇。在创编过程中，教师还可以将歌曲适当分段、分句或放慢歌曲速度等，待幼儿熟练掌握动作之后再把歌曲完整而连贯地表现出来，或恢复到原有的速度。另一方面，应注意以下要点：

（1）为创编活动做好知识和语言上的充分准备。
（2）在歌词的创编中自然地引起表情要素。

（3）注意控制创编活动的时间长度及集体练习的密度，创编活动时间不宜过长，以考虑幼儿的兴趣和参与活动的积极性为主，不能使儿童感到厌烦和疲劳。

（4）多段体的歌曲，用于歌词创编一般只学一段歌词，其余部分则引导幼儿进行歌词的创编。

【任务实施】

步骤一：分析任务特点

该歌唱活动的乐曲为《幸福拍手歌》，歌曲开始处为弱起小节，采用 $\underline{\times.\ \times}\ |\ \underline{\times.\ \times}\ \underline{\times.\ \times}\ \underline{\times.\ \times}\ \underline{\times.\ \times}\ |\ \times\ \times\ 0$ 节奏贯穿全曲，旋律发展主要运用严格模进和自由模进的处理手法，充满了欢快热烈的气氛，深受世界各国小朋友的喜爱。歌曲曲调的前半部分以级进上行为主，后半部分则以级进下行为主，非常简单易学，4～5岁幼儿在进行演唱时毫不费力。演唱时教师应注意引导小朋友在表现上下功夫：第一句"如果感到幸福你就拍拍手"是开门见山的叙述，唱得要自然亲切；第二句重复"如果感到幸福你就拍拍手"是进一步强调，所以要唱得强一些、连贯一些；第三句"如果感到幸福你就快快拍拍手呀"是这首歌的高潮所在，唱时所有的力量和激情要在此句集中爆发和体现出来；最后一句"看那大家都一起拍拍手"是首尾呼应、体现幸福之感的，要唱得饱满而热情。

步骤二：确定活动目标

（1）幼儿能够边唱边用手拍出《幸福拍手歌》的节奏，感受附点八分音符的时值长度。

（2）幼儿能够在《幸福拍手歌》的歌唱活动中，体会歌曲乐观向上的欢快气氛。

（3）能够根据《幸福拍手歌》的素材，在歌唱活动中培养幼儿的创造力。

步骤三：准备活动道具

电脑、音响、投影仪、音频资料、与幸福家庭相关的图片PPT。

步骤四：设计活动过程

（1）教师播放歌曲《幸福拍手歌》，在播放音频时，展示与幸福家庭相关的图片PPT。

（2）教师随着音乐，边拍击节奏边唱《幸福拍手歌》，让幼儿感受歌曲的旋律起伏变化。

相关链接

附点是记在音符符头的小圆点，用以增长音符的时值。附点音符可以分为单附点音符与复附点音符（带有一个点的叫单附点音符，带有两个点的叫复附点音符）。如果一个音符的右边带有一个附点，那么就表示此音符的时值在原来的基础上还要再增加二分之一；如果是带有两个附点的音符，则表示此音符的时值在原来的基础上还要再增加四分之三。乐谱中的表示方法为在符头右上角点一小点。这种表示方法只是用于音符的延时，不用于休止符的延时。见表2-4。

表2-4 常用附点音符的名称、形状与时值比例

名称	形状	时值（以 ♩ 为一拍）	
附点全音符	o.	6拍	o + ♩
附点二分音符	♩.	3拍	♩ + ♩
附点四分音符	♩.	$1\frac{1}{2}$拍	♩ + ♪
附点八分音符	♪.	$\frac{3}{4}$拍	♪ + ♬
附点十六分音符	♬.	$\frac{3}{8}$拍	♬ + ♬

（3）教师带领小朋友站成一排，第一位小朋友叉腰，后面的每位小朋友把手搭在前一位小朋友的肩膀上，在《幸福拍手歌》伴奏音乐中边唱边按照音符的节奏向前走，唱到拍手处停下做拍手的动作。循环往复，直到乐曲的第一段结束。教师提示：注意歌曲开始处为弱起小节，小朋友站在原地不要动，从强拍（歌曲第二小节第一拍）开始向前拖拉着走出附点音符（音符前长后短）的时值，注意保持每人前后的间距；拍手时不要用力过猛，否则手会拍疼。

（4）教师带领小朋友站成圆圈，在《幸福拍手歌》伴奏音乐中边唱边按照音符的节奏原地踏步走，唱到跺脚（伸腰）处停下做跺脚（伸腰）的动作。循环往复，直到乐曲的第二（三）段结束。教师提示：注意歌曲开始处为弱起小节，小朋友站在原地不要动，从强拍（歌曲第二小节第一拍）开始原地拖拉着走出附点音符（音符前长后短）的时值，注意保持每人左右的间距。

（5）教师带领小朋友站成两排，在《幸福拍手歌》伴奏音乐中边唱边按照音符的节奏原地踏步走，唱到挤眼（拍肩）处停下与对面小朋友做挤眼（拍肩）的动作。循环往复，直到乐曲的第四（五）段结束。教师提示：注意歌曲开始处为弱起小节，小朋友站在原地不要动，从强拍（歌曲第二小节第一拍）开始分别在原地拖拉着走出附点音符（音符前长后短）的时值，注意保持两排队伍的间距。

幸福拍手歌

1=G 4/4

日本儿童歌曲

（乐谱）

(6) 歌唱活动结束，幼儿在伴奏音乐声中，在教师的带领下唱歌曲《幸福拍手歌》，唱到拍手处停下来做拍手的动作，然后继续向前，最后走出教室。

延伸阅读

幸福是什么？

老子说，幸福是"无为而治"，顺其自然，不可强求，幸福就是取决于个人的心态。

罗素说，幸福是永远相对的，因为宝贵而珍惜，因为珍惜而幸福，这永远是获得幸福的真理。

孩子们说，幸福是甜甜的巧克力，幸福是悠闲的假期，有好吃的糖果与伙伴分享，有漂亮的新衣可以炫耀，有心仪的玩具让小朋友羡慕，有可爱的玩伴可以忘情地嬉戏，有爸爸妈妈在身边。

病人说，幸福是远离疾病和痛苦，幸福是早日康复、永远健康，幸福是舒展身心自由呼吸新鲜空气，幸福是宁静、安康、温馨。

农夫说，幸福是久旱后的大雨，年年风调雨顺，五谷丰登，家畜兴旺，麦田粮仓满得溢出，国泰民安。

恋人们说，幸福是十年修得同船渡，百年修得共枕眠。天冷时有双温暖的大手捂热冰冷的小手，有人与你共赏明月，能喝上用爱煲成的粥，能过上平淡的日子，能两个人一直慢慢变老。

父母说，幸福是有子女陪伴在身旁，子女比他们过得好。幸福是听到子女回家看着热呼呼的饭菜说的那一句："爸妈，我回来了！好香啊！"幸福是一家几口围着一张桌子有说有笑吃饭，洋溢着温馨的笑容和话语。

朋友们说，幸福是在你难过的时候，有人在你身边安慰你；在你孤单的时候，有人在你身边陪你；在你哭泣的时候，有人为你擦掉泪水；是离别时的一份祝福、一封来信，见面时一声问候、一个微笑、一次拥抱、一回团聚、一张合照……

一朵野花说，幸福就是用自己短暂的生命展示美丽，开满过路人寂寞的旅途。虽然身在其中的人们总是在匆忙赶路，而忘了欣赏、体会它们的良苦用心，但是又有什么呢？一路花开依旧。

如果你要问我，幸福是什么？我就会在你耳边轻轻低语，我要的幸福就隐含在平凡四季里：

春风拂面的时日，与家人上山采摘叫不出名的野花，去郊外踏青、垂钓、烧烤、垒红薯窑，鸟语花香，笑语连连，对我而言，这就是幸福。幸福是窗外飘雨的时候，忙着移植阳台上刚刚吐绿的报春花，聆听窗外雨打梧桐，到三更有出去淋雨的冲动。

夏日炎炎的时节，幸福是早晨醒来拉开窗帘看到的第一缕阳光；幸福是酷暑中渴盼的第一场雨，悄无声息地到来；幸福是躲在大榕树下，吃着一块清凉的西瓜；幸福是午后漫步在操场跑道上，迎面吹来一丝凉风；幸福是黄昏时，和爱人牵手散步，看日落西山、暮色晚霞、风吹杨柳，任凭长发飘飘、思绪飞扬……

秋高气爽的时候，幸福是静坐窗前翻阅旧照片、旧信件，回忆走过的路，然后闭上眼睛深深回味陶醉。幸福是秋日走到户外，观花赏月，感恩大自然给予硕果累累的希望，感受落叶的萧然、生命的回归。

寒气袭人的时令，幸福是三五个知己团团围坐在温暖的火炉旁，亲切而热烈地交谈各自的幸福，没有滴滴香醇的美酒，只有冬夜里一杯清清淡淡的茉莉花茶。幸福是寒冷的夜晚，守着一盏灯和一屋子流淌的老歌，泡一杯热茶，然后慵懒地倚在枕头上，读一本小说或杂志，什么都可以想，什么都可以不想，闭上眼情不自禁地笑。

什么是幸福，一切华美文字和刻意渲染都显得那么苍白……因为幸福是我们生活中点点滴滴的感动串起来的……如果你不那么匆匆，如果你用爱的目光，如果你有足够的宽容，那么，幸福真的随处都在！

步骤五：撰写活动方案

《幸福拍手歌》

活动目标
（1）幼儿能够边唱边用手拍出《幸福拍手歌》的节奏，感受附点八分音符的时值。
（2）幼儿能够在《幸福拍手歌》的歌唱活动中，体会歌曲乐观向上的欢快气氛。
（3）教师能够根据歌曲《幸福拍手歌》的素材，在歌唱活动中培养幼儿的创造力。

活动准备
（1）歌曲《幸福拍手歌》音频资料及播放设备。
（2）宽敞的活动场地。

活动过程

（1）导入。教师播放歌曲《幸福拍手歌》，在播放音频时，展示与幸福家庭相关的图片PPT。

（2）教师带领幼儿在歌唱中进行培养创造力的活动。

首先，教师带领小朋友站成一排，第一位小朋友叉腰，后面的每位小朋友把手搭在前一位小朋友的肩膀上，在《幸福拍手歌》伴奏音乐中边唱边按照音符的节奏向前走，唱到拍手处停下来做拍手的动作。循环往复，直到乐曲的第一段结束。教师提示：注意歌曲开始处为弱起小节，小朋友站在原地不要动，从强拍（歌曲第二小节第一拍）开始向前拖拉着走出附点音符前长后短的时值，注意保持每人前后的间距；拍手时不要用力过猛，否则手会拍疼。

接下来，教师带领小朋友站成圆圈，在《幸福拍手歌》伴奏音乐中边唱边按照音符的节奏原地踏步走，唱到跺脚（伸腰）处停下做跺脚（伸腰）的动作。循环往复，直到乐曲的第二（三）段结束。教师提示：注意歌曲开始处为弱起小节，小朋友站在原地不要动，从强拍（歌曲第二小节第一拍）开始原地拖拉着走出附点音符前长后短的时值，注意保持每人左右的间距。

然后，教师带领小朋友站成两排，在《幸福拍手歌》伴奏音乐中边唱边按照音符的节奏原地踏步走，唱到挤眼（拍肩）处停下与对面小朋友做挤眼（拍肩）的动作。循环往复，直到乐曲的第四（五）段结束。教师提示：注意歌曲开始处为弱起小节，小朋友站在原地不要动，从强拍（歌曲第二小节第一拍）开始分别在原地拖拉着走出附点音符前长后短的时值，注意保持两排队伍的间距。

（3）歌唱活动结束，幼儿在伴奏音乐声中，在教师的带领下唱歌曲《幸福拍手歌》，唱到拍手处停下来做拍手的动作，然后继续向前，最后走出教室。

步骤六：开展活动

（1）分析学情。在歌唱活动实施前，教师应该进行学情分析，教师在对幼儿的歌唱水平、创编能力、兴趣点等多方面进行摸查后所设计出的教学方案才能够更好地达到其效果。

（2）鼓励幼儿大胆参与歌唱活动。每个幼儿的歌唱水平有高有低，有的孩子乐感较好，热衷于教师组织的歌唱活动；有的孩子乐感稍差，不善于歌唱表演，对于教师设计的活动表现不积极。教师要善于引导乐感稍差的孩子参与到集体的歌唱活动中来，让他们体验歌唱的乐趣，帮助他们树立自信心。

（3）评价幼儿在《幸福拍手歌》歌唱活动中对音乐的创造能力，见表2-5。

表2-5 幼儿在《幸福拍手歌》歌唱活动中对音乐的创造能力评价表

内容	已达到等级		
	能准确创编出与歌曲相吻合的动作	大致能跟着小朋友创编的动作做动作	无法跟着小朋友创编的动作做动作
创编动作			

续表

内容	已达到等级		
创编歌词	能根据现有歌词快速创编出新歌词	大致能跟着小朋友创编的新歌词唱歌	无法跟着小朋友创编的新歌词唱歌

【任务评价】

见表2-6。

表2-6 在歌唱活动中培养创造力——歌唱活动《幸福拍手歌》(中班)任务评价单

内容	评价要点	评价结果		
		优秀	良好	待改进
教学目标	设计的活动难易适中,每个幼儿都能在活动中找到自己的兴奋点所在			
活动内容	教学内容能够围绕教学目标设计,选择恰当,安排合理			
情境创设	符合歌曲的意境,幼儿易于理解			
幼儿参与程度	幼儿在歌唱活动中情绪愉快、态度积极、乐于参与			

【任务小结】

培养幼儿具备一定的创造能力,是幼儿园中班歌唱教学活动的一项重要任务。有些歌词浅显、生动,对动作有很强暗示性的歌曲,幼儿园中班的孩子能根据歌词内容创编出简单的表演动作;而有些歌词中既有具体的动作描写,又有抽象的情感体验内容的歌曲,对动作创编的要求则相对较高。另外,中班幼儿的歌词创编基本上是一种替换歌词的形式,多为简单而多重复的歌曲,歌词一般为儿童所熟悉和理解,且较容易记忆的和替换。在为中班幼儿选择歌词创编歌曲时,可适当增加歌曲中需要替换和改编的成分,同时歌词的表现可以由具体的形象性向抽象的情感性过渡。

【拓展任务】

为儿歌《表情歌》设计能够培养幼儿创造力的歌唱活动(中班)。

表 情 歌

张友珊 词
汪 玲 曲

1=C 2/4

活泼地

(i 3 4 | 5 4 3 2 | ▼1 ▼3 | 1 -) | 1 6 6 | i i 6 | i 6 6 4 |

我快乐，　我快乐，　我就拍拍
我生气，　我生气，　我就嘬嘬
我着急，　我着急，　我就跺跺
我高兴，　我高兴，　我就大声

5 6 | X X | X X X | 5 3 3 1 | 2 3 | X X | X X X |

手，　（拍　　手）我就拍拍 手，　（拍　　手）
嘴，　（嘬　　嘴）我就嘬嘬 嘴，　（嘬　　嘴）
脚，　（跺　　脚）我就跺跺 脚，　（跺　　脚）
笑，　（大　　笑）我就大声 笑。　（大　　笑）

i 3 4 | 5 4 | 3 2 1 | X X X | X X X | X 0 ‖

看 大家 一 起 拍拍手。（拍　　　　手）
看 大家 一 起 嘬嘬嘴。（嘬　　　　嘴）
看 大家 一 起 跺跺脚。（跺　　　　脚）
看 大家 一 起 大声笑。（大　　　　笑）

小朋友：你知道什么是表情吗？我们都有哪些表情呢？你会正确表达自己的情绪吗？每个孩子一出生就会有表情，随着孩子越来越大表情也会越来越丰富。如何让孩子了解自己的情绪，正确表达自己的情绪……这些都是孩子情商发育的关键。《表情歌》这首儿歌采用2/4节拍，结构简单工整，曲调活泼流畅，描绘出幼儿表达自己情绪时出现的拍手、跺脚、嘬嘴、大笑等几种表情，音乐速度、力度适中，并且音域控制在一个八度之内，因此4~5岁幼儿在进行歌唱活动时完全能够胜任。在设计歌唱活动时，应注意以下要点：

（1）选择恰当的演唱方式，充分考虑中班幼儿的嗓音特点，不可过于追求技巧。
（2）尽量选用与歌曲内容相符的表情配合歌唱。
（3）体会乐曲中所体现的无忧无虑的童真童趣。

任务三　在歌唱活动中培养合作意识——《柳树姑娘》（大班）

【活动目标】

（1）了解幼儿多声部合唱包含的种类。
（2）掌握幼儿多声部合唱教学活动方案的设计方法和实施过程。
（3）掌握在音乐作品中加入音效的技巧和方法。

【任务描述】

合唱是指两个不同声部相配合的集体演唱形式。适于幼儿的合唱形式一般来说有三种：第一种是"同声式"，指两个声部的旋律、和声相同。可以是一个声部唱歌词，另一个声部用统一旋律唱衬词；第二种是"固定低音式"，指一个声部唱歌词，另一个声部唱固定音型和延长音等；第三种是"填充式"，指一个声部唱歌词，另一个声部在歌曲的休止或延长音部分唱适当填充式的词曲。

合唱在幼儿园音乐活动中的重要地位是不言而喻的，它既是一种情感的抒发，也是幼儿对自己情绪的表达。优美的合唱作品不仅可以使幼儿在歌词中得到美的熏陶、心灵的启迪，而且还可以在与他人协调一致、互相配合方面得到很好的锻炼和培养。

【任务分析】

本任务的关键是在合唱活动中培养合作意识，以大班歌唱教学《柳树姑娘》为例，通过读柳树、唤柳树、赞柳树、画柳树等环节，借助朗诵、说唱、歌唱、绘画等方式在歌唱活动中培养幼儿的合作意识。在设计合唱活动时，要考虑到大班幼儿歌唱能力的发展规律，设计的活动既要体现个体差异，又要考虑整体的协调配合、难度递增。操作要点如下：

（1）教师在带领幼儿读柳树、唤柳树、赞柳树等环节中，可以加入拍手、拍肩等动作，要求节奏准确无误，声部配合默契。

（2）幼儿园大班幼儿的演唱水平较之前有所提升，这个年龄段的幼儿演唱音域在一个八度之内的歌曲已经没有障碍，因此教师应关注培养幼儿在合唱过程中克服声音的个性，追求声音的融合度。

【知识储备】

▼（顿音记号）在演奏或表演上要表现得短促而又轻巧有弹性。

圆滑线是用于多个（一般是两个以上）相同或不同音高的音符之上，表示要唱（奏）得圆滑。

延音线是连接两个或多个音高相同的音符之间的连音线，功能是延长这个音，唱（奏）法则按照节拍唱（奏）完即可。

还有一种延音线是用在滑音上的，表示两音之间的滑音是圆润、光泽、平滑过渡的。

【任务实施】

步骤一：分析任务特点

《柳树姑娘》是一首曲调优美、轻快的简易二部合唱歌曲，歌词简单，形象生动地描绘了江南水乡万物一新、一片生机盎然的春天景象。歌曲为3/4拍，羽调式，一段体结构。全曲以"× · ×　××"为基本节奏型。第1~8小节，上下句对称，旋律采用了模进手法，三度、四度、五度的跳进使得曲调舒展而又优美，形象地表现了《柳树姑娘》在春风里飘柔的姿态。第二声部只用了第一声部的同音支声，配以八分音符节奏及跳音的"啦"唱法，烘托出欢乐的气氛。第9~12小节，节奏突然紧缩，向上三度的模进使曲调更为欢快，与前句形成了较强的对比。最后曲调又趋平稳舒展。结束句在富有民歌特色的衬词"啊哩啰"中欢快地结束，抒发了人们对美丽的春天的赞美之情。

步骤二：确定活动目标

（1）幼儿能够用连贯优美的声音唱出《柳树姑娘》这首歌，并学会唱出三拍子歌曲句首的强拍重音。

（2）幼儿能够运用手臂的波浪动作，体现《柳树姑娘》的柔美，丰富想象力。

（3）尝试用衬词的方法演唱简单的二声部歌曲《柳树姑娘》，体验二声部合唱的和谐之美。

步骤三：准备活动道具

电脑、音响、投影仪、音频资料、有关柳树的图片PPT。

步骤四：设计活动过程

（1）教师播放歌曲《柳树姑娘》，在播放音频时，展示与柳树相关的图片PPT。

（2）教师带领小朋友按照歌曲《柳树姑娘》的节奏读歌词。教师提示：注意歌曲强拍处的歌词要读得重一点儿，弱拍处的歌词要读得轻一点儿，将3/4拍强、弱、弱的循环规律体现出来。

读 柳 树

柳·树　姑｜娘 - -｜辫·子　长｜长 - -｜
风·儿　一｜吹 - -｜甩·进　池｜塘 - -｜
　　洗洗　干净｜多么　漂亮｜
　　洗洗　干净｜多么　漂亮｜
　　多 - 么｜漂 - -｜亮 - -｜
　　　　啊哩啰！

（3）教师带领小朋友按照歌曲《柳树姑娘》歌词的内容创设情境。

唤 柳 树

柳·树 姑｜娘 – –｜
快·出 来｜呀 – –｜
秋风：呼呼 呼呼 呼｜呼呼 呼呼 呼｜
秋雨：沙沙 沙沙 沙｜沙沙 沙沙 沙｜

（4）教师带领小朋友分声部演唱歌曲《柳树姑娘》。

柳树姑娘

1=D 3/4　　　　　　　　　　　　　　罗晓航　词
中速　　　　　　　　　　　　　　　　夏晓红　曲

（乐谱）

柳 树 姑 娘，辫 子 长 长，风 儿 一
　　　　　　啦啦 啦，　　　　啦啦 啦，
吹，甩 进 池 塘，洗洗 干 净 多么 漂 亮，
　　啦啦 啦，　　　啦啦 啦，
洗洗 干 净 多么 漂 亮，多 么 漂 亮。啊哩 啰！

（5）歌唱活动结束。

相关链接

咏 柳

〔唐〕贺知章

碧玉妆成一树高，
万条垂下绿丝绦。
不知细叶谁裁出，
二月春风似剪刀。

《咏柳》是一首咏物诗。诗的前两句连用两个新美的喻象，描绘春柳的勃勃生机、葱翠袅娜；后两句更别出心裁地把春风比喻为"剪刀"，将视之无形、不可捉摸的"春风"形象地表现出来，不仅立意新奇，而且饱含韵味。"碧玉妆成一树高"，一开始，杨柳就化身为美人出现；"万条垂下绿丝绦"，这千条万缕的垂丝，也随之变成了她的裙带。上句的"高"字，衬托出美人婷婷袅袅的风姿；下句的"垂"字，暗示出纤腰在风中款摆。诗中没有"杨柳"和"腰肢"字样，然而这早春的垂柳以及柳树化身的美人，却给写活了。最后，那视之无形、不可捉摸的"春风"，也被用"似剪刀"形象地描绘了出来。这"剪刀"裁剪出嫩绿鲜红的花花草草，给大地换上了新妆，它正是自然活力的象征，是春给予人们美的启示。从"碧玉妆成"到"剪刀"，我们可以看出诗人艺术构思的一系列过程。

步骤五：撰写活动方案

《柳树姑娘》

【活动目标】

（1）幼儿能够用连贯优美的声音唱出《柳树姑娘》这首歌，并学会唱出三拍子歌曲句首的强拍重音。

（2）幼儿能够运用手臂的波浪动作，体现《柳树姑娘》的柔美，丰富想象力。

（3）尝试用衬词的方法演唱简单的二声部歌曲《柳树姑娘》，体验二声部合唱的和谐之美。

活动准备

（1）歌曲《柳树姑娘》音频资料及播放设备。

（2）多媒体音乐教室。

活动过程

（1）导入。教师播放歌曲《柳树姑娘》，在播放音频时，展示柳树的图片PPT。

（2）教师带领小朋友按照歌曲《柳树姑娘》的节奏读歌词。教师提示：注意歌曲强拍处的歌词要读得重一点儿，弱拍处的歌词要读得轻一点儿，将3/4拍强、弱、弱的循环规律体现出来。

（3）教师带领小朋友按照歌曲《柳树姑娘》歌词的内容创设情境——唤柳树。

（4）教师带领小朋友分声部演唱歌曲《柳树姑娘》。

（5）歌唱活动结束。幼儿在伴奏音乐声中，在教师的带领下唱着歌曲《柳树姑娘》走出教室。

步骤六：开展活动

（1）分析学情。在歌唱活动实施前，教师应该进行学情分析，教师在对幼儿的二声部合唱水平、情境融入、兴趣点等多方面进行摸查后所设计出的教学方案才能够更好地达到其效果。

（2）鼓励每个幼儿大胆参与二声部合唱活动。每个幼儿的合唱水平有高有低，有的孩子乐感较好，很容易就能唱好自己所在声部的歌词与旋律；有的孩子乐感稍差，不善于倾听另一声部的声音效果，对于教师设计的活动表现不积极。教师要善于引导乐感稍差的孩子参与到合唱中来，让他们体验二声部合唱的美妙，使其在合唱过程中建立与他人协调一致的合作意识。

（3）评价幼儿在《柳树姑娘》合唱活动过程中的合作能力。见表2-7。

表2-7 幼儿在《柳树姑娘》合唱活动过程中的合作能力评价表

内容	已达到等级		
声音融合度	能与其他合唱者的声音很好融合在一起	大致能与其他合唱者的声音融合在一起	无法与其他合唱者的声音融合在一起
声部进出状态	能按照乐谱要求准确演唱自己所在声部	大致能跟自己所在声部的演唱	无法跟上自己所在声部的演唱

【任务评价】

见表2-8。

表2-8 在歌唱活动中培养合作意识——歌唱活动《柳树姑娘》（大班）任务评价单

内容	评价要点	评价结果		
		优秀	良好	待改进
教学目标	设计的活动难易适中，每个幼儿都能在活动中找到自己的兴奋点所在			
活动内容	教学内容能够围绕教学目标设计，选择恰当，安排合理			
情境创设	符合歌曲的意境，幼儿易于理解			
幼儿参与程度	幼儿在歌唱活动中情绪愉快、态度积极、乐于参与			

【任务小结】

培养幼儿具备应有的合作意识，是幼儿园大班合唱教学活动的一项重要任务。5~6幼儿歌唱的表现意识得到了进一步增强，表现在歌唱的声音、表情更加丰富，能够表现出同一首歌曲中的强弱快慢，能较好地唱出顿音、跳音、保持音及连音；在集体歌唱时，协调一致的能力大大增强了，不仅能与集体同时开始、同时结束，而且会听前奏、间奏，还对对唱、小组唱、轮唱、合唱等不同的演唱形式产生了兴趣。

【拓展任务】

为儿歌《春晓》设计能够培养幼儿合作意识的歌唱活动（大班）。

春 晓

〔唐〕孟浩然 词
谷建芬 曲

1=♭E 4/4 ♩=138

(5 3 6 5 3 | 1 3 1 6 | 5 1 3 6 | 5 - - - | 5 3 6 5 3 | 1 3 1 6 |

5 - - - | 5 0 0 5 6 7) ‖: 5 5 3 1 | 5 - - - | 5 5 5 3 3 1 |
　　　　　　　　　　　　　　春眠不觉晓，　　　处处闻啼

2 - - - | 5 5 6 5 6 | 5 1 3 0 | 2 2 2 5 2 | 1 - - - :‖
鸟。　　夜来　风雨声，花落知多　少。

| 1 2·1 4 0 | 1 2·1 3 0 | 1 2·1 6· 6 | 5 - - - |
| 1 2·1 6 0 | 1 2·1 5 0 | 1 2·1 4· 4 | 3 - - - |
啦 啦 啦啦　啦 啦 啦啦　啦 啦 啦啦 啦 啦

| 1 2·1 6 - | 6 6 6 5·3 | 2 2 3 1 1 | 2 - - - |
| 1 2·1 4 - | 4 4 4 3·1 | 6 6 1 6 6 | 7 - - - |
啦 啦 啦啦　　啦 啦 啦啦 啦 啦 啦啦 啦啦

5 5 3 1 | 5 - - - | 5 5 5 3 3 1 | 2 - - - | 5 5 6 5 6 |
春眠不觉晓，　　处处闻啼鸟。　　夜来

5 1 3 0 | 2 2 2 5 2 | 1 - - - ‖ 5 5 6 5 6 | 5 1 3 0 |
风雨声，花落知多　少。　D.S.夜来　风雨声，

2 - 2 0 | 5 2·2 - | 2 - - - | 1 - - - | 1 - - - | 1 0 0 0 ‖
花落 知多　　　少。

唐代诗人孟浩然，名浩，字浩然。孟浩然早年有志考取功名，但无奈世事弄人，屡屡在仕途受挫，在屡遭痛苦失望之后，孟浩然仍然不媚俗世，归隐山林，终了一生。孟浩然的诗长于写景，多反映山水田园和隐逸、行旅等内容，绝大部分为五言短篇，在艺术上有独特的造诣。

　　唐诗《春晓》是小朋友很早就学习吟诵过的古诗，这首诗语言平易浅近、自然天成、言浅意浓、朗朗上口，深得幼儿的喜爱。儿童歌曲《春晓》是我国著名词曲作家谷建芬依词谱曲创作而成。这首儿童歌曲婉转优美，情绪轻松明快，容易记忆，非常适合学龄前儿童学唱。在设计歌唱活动时，应注意以下要点：

（1）引导幼儿为歌曲增加一到三个声部，形成一首多声部儿童合唱歌曲。

（2）尽量选用日常生活中的物品作为伴奏"乐器"配合歌曲的歌唱活动。

（3）启发幼儿从生活中寻找春天的声音，并在音乐中感受春天。

游戏类音乐教育活动设计与实施

学前儿童音乐游戏化教学,就是利用游戏的方法对幼儿进行音乐教育。幼儿热爱游戏,热衷于追求游戏过程中的快乐,当音乐活动能像游戏一样对幼儿充满诱惑时,幼儿的音乐兴趣与音乐灵性将被极大地唤起。因此在学前儿童音乐教学中,应该用游戏化、活动化的方法对幼儿进行音乐教育。

本单元主要介绍作为一名幼儿教师,应该如何设计与实施音乐游戏化教学活动,以游戏的方式唤起幼儿的音乐学习热情,使音乐活动的方法尽可能游戏化,让幼儿在做游戏的过程中,感受音乐带给他们的快乐情绪和愉悦氛围。

知识目标

(1) 掌握三种音乐游戏教学方法的要领。
(2) 掌握幼儿音乐游戏活动方案的设计方法和实施过程。

能力目标

(1) 能够选择旋律优美、形象鲜明的音乐素材进行音乐游戏活动的组织实施。
(2) 能根据音乐素材进行充分的联想和想象,创编出恰当的、易于操作的音乐游戏。

情感态度目标

(1) 增强对音乐的敏感性和领悟力。
(2) 激发对音乐游戏活动创作的热情。

任务一　创编音乐节奏游戏活动——《大雨和小雨》（小班）

【活动目标】

（1）掌握创编音乐节奏游戏的教学设计方法。
（2）能够与幼儿平日感兴趣的游戏相结合，创编音乐活动。
（3）能够利用身边常见的物品创设音乐游戏。

【任务描述】

幼儿对于客观事物的认识主要是通过自己感官的直接体验获得的，幼儿早期的艺术活动是一种集动作、语言、音乐、舞蹈为一体的综合行为，而使这四者融合在一起的最重要、最基本的元素就是节奏。节奏列于音乐的六大要素之首，因此将创编同音乐节奏紧密结合的音乐游戏作为本单元的一个首要任务。

儿童歌曲《大雨和小雨》节奏简单，旋律流畅，音乐形象鲜明，富有儿童特点，歌词让幼儿模仿了大雨哗啦哗啦和小雨滴答滴答的声音。选用这首幼儿歌曲作为节奏游戏的音乐，易于幼儿理解，并且深受幼儿喜爱。幼儿早期阶段是直接感知和体验节奏的最佳时期，趣味化的节奏训练对于幼儿的听觉、模仿、想象力、记忆力和创造力的培养有着非常重要的作用。设计幼儿音乐节奏游戏应当顺应幼儿的认知规律，本着从简到繁的原则进行，并根据幼儿园小班幼儿的生理和心理特点，带领幼儿做他们易于理解的音乐节奏游戏。

【任务分析】

对于3~4岁的小班幼儿来说，节奏并不陌生，生活中处处都有节奏：呼吸有节奏，日出日落有节奏，潮水的涨落有节奏，钟表的嘀嗒声以及火车车轮的咔嗒声都有节奏。在经过入园初期一些简单的音乐训练后，幼儿对音乐节奏有了初步的认识，他们可以区分最基础的节奏型，他们也可以将这些基础节奏型同语言结合，形成简单的语言节奏，在这一前提下，教师可带领幼儿在特定的游戏规则中开展形式多样的音乐节奏游戏活动。

【知识储备】

关于节奏，有一种说法在音乐界广泛流传："节奏是音乐的骨骼，旋律是音乐的灵魂。"由此可见，节奏学习是音乐学习的基石。幼儿期正是音乐节奏学习的重要时期，对幼儿进行音乐教育，节奏感的培养应该放在首位。幼年时期培养良好的节奏感，对幼儿一生的音乐学习都至关重要。

音乐中的节奏与幼儿生活中的各种步伐有着惊人的相似之处，在每天的走路、跑步等动作中，就隐藏着音乐中的一些常见节奏型。见表3-1。

表 3-1 生活中常见的步伐节奏型

时值	名称	动作	动作说明
×	四分音符	走步	正常的行走动作，每走一步相当于一拍
××	八分音符	快步走	比正常步速快一倍，每走一步相当于半拍
×××	三连音	横移步	向左或向右横着移步，将一拍平均分成三等份
××××	十六分音符	跑步	小碎步跑步，比"快步走"快一倍，每跑一步相当于半半拍
×××	前十六分音符	踢踏步	两个短音、一个长音，舞蹈中常见的踢踏步
×××	后十六分音符	踢踏步	一个长音加两个短音，两腿交替着做出长音
×---	全音符	转体	人体正常的转身动作，先左后右走四拍完成
×-	二分音符	挪步	人体左右摇摆的动作，每摆动一次两拍完成
×.×	附点八分音符	跑跳步	儿童高兴时的自然动作，跑跳时自然先长后短
×.×	附点四分音符接八分音符	走跳步	模仿脚部受伤的动作
××.	八分音符接附点四分音符	切步	动作同上，模仿另一只脚受伤
×××	切分音	切踢步	双脚交替运动并踢腿，例如左右左、右左右

在节奏教学时，将幼儿生活中的动作同音乐节奏结合起来，可以提高幼儿节奏学习的兴趣，并降低学习难度，使幼儿在游戏中习得音乐基础理论知识。

【任务实施】

步骤一：分析任务特点

儿童歌曲的传播很大程度上是通过游戏方式来实现的，所以要求这类作品适宜歌唱，并能与游戏过程相配合，必须呈现出鲜明的音乐性和节奏感。幼儿好动，又处于学习音乐、提高音乐能力阶段，富有音乐感、节奏明朗、生动活泼的儿童歌曲可以激发起幼儿的愉悦感，提高他们学习音乐的积极性。《大雨和小雨》这首儿歌节奏简单，旋律流畅，音乐形象鲜明，富有儿童特点，歌词让幼儿模仿了大雨哗啦哗啦和小雨滴答滴答的声音。教师可以根据3~4岁小班小朋友的生理和心理特点，结合歌曲节奏，带领幼儿进行易于其理解的音乐游戏。教师也可以鼓励儿童根据该儿歌的节奏韵律，利用身边的物品为歌曲伴奏。

步骤二：确定活动目标

（1）幼儿能够用身体动作表现儿童歌曲《大雨和小雨》的强拍和弱拍。
（2）幼儿能够在教师的带领下，跟着歌曲的节拍，做拍手游戏和踏步游戏。
（3）幼儿能够在教师的带领下，用自制的乐器打出歌曲的节拍。

步骤三：准备活动道具

电脑、音响、投影仪、歌曲《大雨和小雨》音频、两只空矿泉水瓶、半杯水、一小把沙子。

步骤四：设计活动过程

（1）教师播放儿童歌曲《大雨和小雨》，在播放音频时，展示下大雨和下小雨的图片PPT。

（2）依照歌曲《大雨和小雨》的节奏，上课教师在带班辅助教师的配合下展示拍手游戏，让幼儿观摩教师是怎样拍手的，并且让幼儿思考：当唱到哪些歌词的时候教师拍自己的双手？

（3）当幼儿发现教师拍手的规律时，教师带领幼儿开展适合小班幼儿的音乐节奏游戏。

1）上课教师和辅助教师依据歌曲《大雨和小雨》的节奏节拍，在每小节的强拍处加入拍手动作：两位老师在第一小节的强拍处拍自己的双手，当歌曲进行到弱拍时，两位老师互拍右手；到歌曲的第二小节的强拍还是拍自己的双手，但第二小节的弱拍与第一小节的弱拍有所不同，两位老师互拍左手。如此循环反复，直至歌曲结束。

大雨和小雨

$1=C \quad \dfrac{2}{4}$

文　思　词曲

中速

| 5 3 | 6 6 3 | 3 1 | 3 3 2 | 6 6 5 | 3 3 2 | 3 1 2 3 | 1 — ‖

大雨　哗啦啦，小雨　淅沥沥，哗啦啦，淅沥沥，小草笑嘻　嘻。

2）教师将幼儿分成两组，每位教师带领一组幼儿做拍手游戏，这时教师用清唱歌曲的方式，以便更好地控制歌曲速度。练习初期，要慢速清唱歌曲，当大部分幼儿掌握拍手要领后，用原声音乐为游戏伴奏。

3）两位教师退出游戏，让幼儿独立地在歌曲中做拍手游戏。

（4）当幼儿掌握了第一种游戏的方法后，教师介绍第二种游戏方法。

1）在这个音乐节奏游戏中，幼儿保持围成一圈的造型，开始唱歌曲的第一小节时，教师带领幼儿手拉着手，脚踏着节拍向圆圈中心聚拢，每拍向前走一步，同时双手缓慢举起。当唱到第二小节时，教师带领幼儿向原地退回，每拍向后走一步，同时双手慢慢收回到身体两侧。歌曲一共四乐句、八小节，在歌曲第一、三、五、七小节时，幼儿向前走，即向圆心聚拢；在歌曲第二、四、六、八小节时，幼儿向后退，回到之前的位置。

2）在刚才的分组游戏基础上，主、配班教师各带领一组幼儿做踏步游戏。练习初期，依旧慢速清唱歌曲，当大部分幼儿掌握踏步要领后，用原声音乐为游戏伴奏。

3）两位教师退出游戏，让幼儿独立地在歌曲中做踏步游戏。

（5）当教师观察到大部分幼儿已经可以熟练地完成以上两种游戏时，就可以进行下一阶段的游戏了。

1）两位教师各带领一组，形成两个声部。第一声部在歌曲的第一乐句和第三乐句前一小节处，加上晃动装有半瓶水的矿泉水瓶动作表现"大雨哗啦啦"；第二声部在歌曲的第二乐句和第三乐句后一小节处，加上晃动装有一小把沙子的矿泉水瓶的动作表现"小雨淅沥沥"为歌曲伴奏。

2）继续在刚才的分组游戏基础上，主、配班两位教师各带领一组幼儿做自制打击乐器演奏游戏。

3）两位教师退出游戏，让幼儿独立地在歌曲伴奏音乐中做音乐节奏游戏。

（6）活动结束，儿童将道具放回原处。

相关链接

雨是怎样形成的？

雨的形成是一个比较复杂的过程，并不是简单的"水蒸气液化成水落下来就形成了雨"；而是"水蒸气发生了液化和凝华两种物理现象"形成的。

在高空中，水蒸气遇冷发生液化和凝华现象，形成无数小水滴和小冰晶在空气中悬浮，并随着空气的流动而不断运动，彼此之间以及与空气发生摩擦，从而产生静电，因互相吸引而聚合，小水滴和小冰晶越聚越多、越聚越大、越聚越重，形成更大的水滴和更大的冰晶，当大水滴和大冰晶的重力大于空气对其的浮力时，这些大水滴和大冰晶就在重力作用下从空中落下来，在下落的过程中由于与空气发生摩擦，产生热量，分别发生融化、汽化和升华过程变成水蒸气，其中部分较小的水滴和冰晶因在融化、汽化和升华过程中完全变成水蒸气而不能到达地面成为雨，另一部分较大的水滴和冰晶则在融化、汽化和升华现象中并未完全变为水蒸气，融化成水落到地面上来，就形成了雨。如图3-1所示。

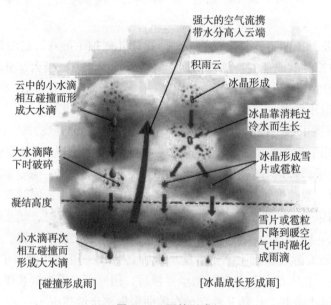

图3-1 雨的形成

步骤五：撰写活动方案

《大雨和小雨》

【活动目标】

（1）幼儿能够在教师的带领下，跟着歌曲的节拍，做拍手游戏和踏步游戏。

（2）幼儿能够用自制的打击乐器打出歌曲的节拍。

（3）幼儿能够用身体动作区别出歌曲《大雨和小雨》中的强拍和弱拍。

活动准备

（1）游戏道具：两只空矿泉水瓶、半杯水、一小把沙子。

（2）儿童歌曲《大雨和小雨》的音频资料。

（3）游戏场地。

活动过程

（1）导入。上课教师在带班辅助教师的配合下展示拍手游戏，让幼儿观摩教师是怎样拍手的，提出疑问，让小朋友带着问题去发现教师拍手游戏的规律。

（2）带领幼儿开展音乐节奏游戏活动。

1）依据歌曲《大雨和小雨》的节奏节拍，带领幼儿每两人一组玩拍手游戏。该儿童歌曲是2/4拍，强拍时自己拍双手，弱拍时互相拍击左手或右手。

2）当幼儿掌握了第一种游戏方法后，教师介绍第二种游戏方法。

教师带领幼儿围成一圈，根据歌曲的节拍，拉着手、踏着步向圆圈中心聚拢，以一小节为一个单位，一小节向圆心聚拢，一小节向后退回原处。

3）大部分幼儿已经可以熟练地完成以上游戏时，就可以进入分声部游戏阶段了。

幼儿在两位教师的带领下形成两个声部，第一声部在歌曲的第一乐句和第三乐句的前一小节处，加上晃动装有半瓶水的矿泉水瓶的动作表现"大雨哗啦啦"；第二声部在歌曲的第二乐句和第三乐句的后一小节处，加上晃动装一小把沙子的矿泉水瓶的动作表现"小雨淅沥沥"为歌曲伴奏。

（3）活动结束。

幼儿在教师的带领下，享受分声部节奏游戏带给他们的成就感。

步骤六：开展活动

（1）控制好每一个游戏环节的步调。这首儿童歌曲可以衍生出若干个节奏游戏，教师可以根据本班幼儿的实际水平，有选择地安排游戏活动。但无论几项游戏活动，都要有计划、有步骤、由简入繁地安排游戏程序。

（2）在游戏过程中突出幼儿的主体性。音乐游戏活动和普通的幼儿游戏有所不同，它带有明确的学习目的，因此教师设计游戏中的每一个环节都有一定的教学内容。起初教师示范游戏，在幼儿熟悉了游戏规则和游戏内容后，教师逐步退出，最终让幼儿在游戏活动中扮演主角，游戏活动主体是幼儿而非教师。

（3）评价幼儿在《大雨和小雨》游戏活动中对音乐基本要素——节奏的把握能力，见表3-2。

表 3-2　幼儿在《大雨和小雨》游戏活动中节奏发展能力评价表

内容	已达到等级		
节奏感把握	能准确拍出或踏准节奏	大致能拍出或踏出节奏	找不到歌曲的节拍

【经验分享】

　　幼儿时期的艺术学习，应该和游戏结合在一起。荷兰著名的艺术家约翰·赫伊津哈在他的论著《游戏的人》中明确提出："游戏是艺术的生长点。"德国艺术史学家格罗塞在他的《艺术的起源》一书中也指出："介乎实际活动和审美活动之间的，是游戏的过渡形式。"他用一个非常形象的例子进一步说明了实际活动、游戏活动与艺术活动的关系：如果用直线代表实际活动，艺术则是圆圈，那么曲线则代表它们之间的过渡形式——游戏活动。因此，在设计儿童音乐课程时，应该把幼儿日常生活中常见的动作与之结合，以游戏的形式呈现出来，这是符合幼儿音乐学习规律的方法。

【任务实施】

　　当代著名的德国作曲家、音乐教育家卡尔·奥尔夫认为：音乐构成的第一要素是节奏，而不是旋律，节奏可以脱离旋律而单独存在，旋律却不可脱离节奏而存在。节奏是音乐的生命和本源；节奏是音乐的起点和终点，同时还与人的生理和心理有着最直接、最密切的关系，感知节奏是人的一种本能。

　　节奏学习是幼儿学习音乐的第一步，是学前音乐教学的基础，节奏教学进行得顺畅，会给接续的旋律教学、器乐教学和欣赏教学奠定坚实的基础，因此在这一环节的教学活动中，教师应投入更多的精力。教师如何设计与创编音乐节奏游戏直接关系到幼儿音乐学习的积极性，在音乐节奏游戏活动中，教师的示范、游戏的方式、游戏设计的难易程度和幼儿的参与程度都是此课评价的重要指标，具体评价内容见表 3-3。

表 3-3　在音乐节奏游戏活动中培养节奏感——音乐节奏游戏活动《大雨和小雨》（小班）任务评价单

内容	评价要点	评价结果		
		优秀	良好	待改进
教师示范	示范到位，节奏准确			
游戏方式	游戏设计活泼有趣，采用两到三种游戏方式			
内容难易度	符合小班幼儿理解与接受水平，幼儿可以在模仿、操练后胜任			
幼儿参与度	幼儿具有较强烈的参与意愿			

【专家支招儿】

我们生活中有很多动作都有固定的节奏，教师可以引导幼儿观察身边的生活，发现、提炼不同生活片段的时值长短，将其引进课堂，用形体动作再现出来，这可以极大地调动幼儿的学习热情，拓展学习领域，提高他们的学习兴趣。教师可以将幼儿分成若干个小组，每一组确定一个选题，在选题范围内探索不同时值，以小组形式集体表现。选题内容应广泛多样，可以从体育运动项目、日常生活、劳动等多方面确定。

例如，某小组以"妈妈下班后"的生活动作为主题，从妈妈下班回到家里的一系列家务劳动中，探索出各种不同时值，再集体配合，将其表现出来。见表3-4。

表3-4 生活中的节奏

生活动作	走路动作	名称	时值
上楼梯	走步	四分音符	×
敲门	横移步	三连音	× × ×
拖地	摇步	二分音符	× －
切菜	碎步	十六分音符	× × × ×
炒菜	切步	切分音	× ×.

【任务小结】

一堂成功的音乐课往往会给人以神奇的、不可思议的感觉，它能引导幼儿产生一种美妙的情绪。在这种情绪中感受音乐似乎并不费力，在轻松愉快的玩乐中，顷刻间即可领悟到音乐的玄妙。在音乐游戏中，将具有动感的音乐与幼儿好动的性格特点结合起来，采用活泼多样的教学形式和富有趣味性的游戏手段，让幼儿在唱唱、玩玩、动动中去感受音乐、理解音乐和表现音乐，并激发他们学习音乐的兴趣。

参与者（幼儿）虽然没有很多的技巧或理论背景，却能创造自己的音乐。孩子们在音乐游戏的过程中能够经历一种通常只有专业音乐家才有的合奏感。简言之，音乐节奏游戏教学法最重要的目的就是通过音乐游戏，在玩乐中培养幼儿的音乐节奏感。

【拓展任务】

为儿歌《小兔子乖乖》设计音乐节奏游戏活动（小班）。

这首《小兔子乖乖》节奏欢快，旋律活泼，该曲一共分为两段，分别描绘出小兔子和兔妈妈的不同形象和心理特征，音乐教师可以根据3~4岁小班小朋友的生理和心理特点，结合歌曲节奏，带领幼儿进行易于其理解的音乐游戏。教师也可以鼓励幼儿根据这首儿歌的节奏韵律，利用身边的物品为歌曲伴奏。在设计游戏活动时，应注意以下要点：

（1）要能够体现乐曲欢快活泼的风格特点，创编的动作能够与乐曲节拍相吻合。
（2）尽量选用简单直观的动作。

(3) 让幼儿充分体验表演的乐趣和游戏的愉悦。

小兔子乖乖

民间儿歌

（狼）小兔子乖乖，把 门儿开开，快点儿开开，我要 进 来。
（妈妈）小兔子乖乖，把 门儿开开，快点儿开开，我要 进 来。

（小兔）不开不开我不开，妈妈不回来，谁来也不开。
（小兔）就开就开，我就开，妈妈回来了，我就把门开。

任务二　创编歌舞游戏活动——《十个小印第安人》（中班）

【活动目标】

（1）能够选择形象生动、趣味性强的音乐创编歌舞游戏。
（2）能够准确把握乐曲的特点，设计适合幼儿的活动形式。
（3）掌握借助歌舞游戏活动表现音乐力度变化的教学设计方法，能够组织和实施幼儿歌舞游戏。

【任务描述】

幼儿园歌舞游戏活动是在音乐伴奏下，全体幼儿共同参与，随着音乐的韵律，在集体活动中进行队形变化、人际交流的一种集体性舞蹈活动。幼儿园歌舞游戏活动既是一种情感表达的过程，也是一种综合能力培养的过程。目前已经有越来越多的音乐教育专家认识到歌舞游戏活动的价值。在歌舞游戏活动中，幼儿通过自己的身体动作与环境进行积极的交往和联系，不仅可以产生与他人的共鸣，而且可以获得集体归属感。幼儿园歌舞游戏活动是幼儿园音乐教学中较难组织的一种形式，在歌舞游戏活动中，幼儿要感受、理解乐曲，记忆动作，掌握动作的顺序、队形变化、同伴间的合作等，这些要求对幼儿和教师来说都有较大的挑战性。

《幼儿园3~6岁儿童发展纲要》中指出：幼儿艺术教育活动以幼儿为本，强调主动性，要改变幼儿被驱使的被动地位，要避免仅仅重视表现技能或艺术活动结果，而忽视幼儿在活动过程中的情感体验和态度倾向，教学的最终目标是培养幼儿感受美、表现美的情趣，丰富幼儿的审美经验，体验表现和创造的快乐。

在该任务中，幼儿教师针对儿童歌曲《十个小印第安人》的教学任务和目标，合理地将歌曲演唱有机融入游戏活动中。歌舞游戏活动不仅能活跃幼儿学习气氛，激发幼儿学习兴趣和参与音乐活动的热情，还能够促进教学任务和教学目标的达成，从而进一步有效增强幼儿感受歌曲的情绪，使幼儿在欢快愉悦的气氛中领悟音乐带来的快乐。

【任务分析】

4~5岁幼儿的大脑对整个身体动作的控制能力有所提高，如手、足、眼、脑同步行动日趋协调，他们的动作也由粗到细、由大肌肉动作到小肌肉精细动作（身体→手臂→手腕→手指）逐步发展。因而这首儿童歌曲所设计的"十个小印第安人"高低游戏、找原位游戏、点人游戏，对于动作自控能力逐渐增强的中班幼儿来说并非难事，这些动作比较容易掌握。此外，幼儿园中班幼儿已经能够唱出音阶的七个音，因此从旋律上看，这首儿童歌曲音域控制在一个八度之内，幼儿演唱没有难度。

幼儿园中班4~5岁幼儿能够主动地、有目的地把生活中观察到的现象与音乐产生联想，在音乐活动中能够根据音乐的主题展开想象，并能估计想象的合理性。因此在中班的音乐教学活动中，采用歌舞游戏活动来组织音乐教学，符合中班幼儿音乐学习的教学规律。

【知识储备】

儿童歌曲《十个小印第安人》的节拍为4/4拍，力度是强（f）、弱（p）、次强（mf）、弱（p），这种节拍在儿童歌曲中较为常见。除4/4拍以外，还有一些儿童歌曲常采用以下节拍：

2/4 强（f）、弱（p）

3/4 强（f）、弱（p）、弱（p）

4/4 强（f）、弱（p）、次强（mf）、弱（p）

3/8 强（f）、弱（p）、弱（p）

6/8 强（f）、弱（p）、弱（p）、次强（mf）、弱（p）、弱（p）

【任务实施】

步骤一：分析任务特点

（1）《十个小印第安人》的结构。这是一首旋律简单、音乐形象鲜明的儿童歌曲。全曲一共有四个乐句，第一乐句旋律开始为平行进行，乐句结束在主和弦的分解琶音上；第二乐句开始处将第一小节上移大二度，乐句结束在属和弦的分解琶音上；第三乐句旋律完全重复了第一乐句；第四乐句开始处将第三小节做了变化处理，最后一小节旋律再次落在该曲的主音上，同第一乐句首尾呼应。

（2）《十个小印第安人》的音域。这是一首简单的复拍子歌曲，该曲音域控制在一个八度之内，旋律为疏密相间型连接，少有大跳，虽然最后一句有纯五度跳进，但这属于属三和弦的分解和弦，因此在演唱时并无难度，整首歌曲非常适合4~5岁幼儿演唱。

步骤二：确定活动目标

（1）幼儿能够在教师的带领下，准确拍出歌曲的每一拍。
（2）幼儿能够用身体动作表现歌曲中叙述的小印第安人的形象，能够按单、双数分不同方向找回原位。
（3）幼儿能够在教师的带领下，根据歌曲情绪完整地边唱边进行集体舞表演。

步骤三：准备活动道具

电脑、音响、投影仪、儿歌《十个小印第安人》音频资料、十个印第安人图案头饰+号牌。

步骤四：设计活动过程

（1）教师播放儿童歌曲《十个小印第安人》，并跟着录音演唱。唱完后，问幼儿："在歌曲中，一共有几位小印第安人？"
（2）教师边唱边示范：随着歌曲节奏一步一步拍手走路，模仿矮人走路，模仿高人走路。
（3）教师随意唱到歌曲里的数字，问幼儿这时是站在圈里还是圈外，当幼儿回答正确后，教师教他们唱这一句。用此方法，教师教唱全曲。
（4）十名幼儿站成一个大圈，教师示范高低游戏（游戏一）：
在单小节，拍手走步，每一拍走一步拍一次手，直到全曲最后一拍——休止符。在双小节，教师如在原音区弹琴，仍旧拍手走路；教师如果降低八度弹琴，则学矮人走路；教师如果提高八度弹琴，则学高人走路（在一遍音乐内不换音区）。
（5）教师示范找原位游戏（游戏二）：
十名幼儿分成两组，单数在里圈学矮人走，顺时针方向；双数在外圈学高人走，逆时针方向。一遍音乐结束，教师弹一个快速下行音阶，单数幼儿迅速跑回外圈，站在原来的位置上（站在原来站大圈时其左右的两个人中间）。音阶结束后没有找到原位置或找错位置的幼儿，暂时退出游戏一次。
（6）教师示范点人游戏（游戏三）：
十名幼儿站成一个大圈，请一名幼儿在圈内走动，边走边在唱到数字一、二、三、四、五、六、七、八、九、十的时候摸大圈的幼儿的头，被摸到头的幼儿要马上点头行礼表示回答。一遍歌曲唱完，在第二遍的前奏中，被摸到头的幼儿站到圈内做矮人，其余的人做高人，继续玩前面的"找原位游戏"。
（7）教师带领幼儿边唱边做以上三种歌舞游戏。

十个小印第安人

佚名 词曲

一个，两个，三个小印第安人。
十个，九个，八个小印第安人。

四个，五个，六个小印第安人。七个，八个，
七个，六个，五个小印第安人。四个，三个，

九个小印第安人。十个印第安小男孩。
两个小印第安人。一个印第安小女孩。

（8）幼儿排成两列纵队，边唱歌曲边做以上动作走出教室，活动结束。

相关链接

幼儿园小、中、大班幼儿身体活动能力发展差异，见表3-5。

表3-5 幼儿园小、中、大班幼儿身体活动能力发展差异

3~4岁	4~5岁	5~6岁
1. 能模仿学唱短小歌曲 2. 能跟随熟悉的音乐做身体动作 3. 能用声音、动作、姿态模拟自然界的事物和生活情景	1. 能用自然的、音量适中的声音基本准确地唱歌 2. 能通过即兴哼唱、即兴表演或给熟悉的歌曲编词来表达自己的心情 3. 能用拍手、踏脚等身体动作或可敲击的物品敲打节拍和基本节奏	1. 能用基本准确的节奏和音调唱歌 2. 能用律动或简单的舞蹈动作表现自己的情绪或自然界的情景 3. 能自编自演故事，并为表演选择和搭配简单的服饰、道具或布景

注：摘自《3~6岁儿童发展纲要》

步骤五：撰写活动方案

《十个小印第安人》

活动目标

（1）通过练习，幼儿能准确拍出歌曲的节拍。

（2）幼儿能够用身体动作表现歌曲中叙述的小印第安人的形象，能够按单、双数分不同方向找回原位。

（3）幼儿能够完整地边唱边进行歌舞游戏表演。

活动准备

（1）游戏道具：十个印第安人图案头饰 + 号牌。

（2）歌曲《十个小印第安人》的音频及播放设备。

（3）游戏场地。

活动过程

（1）教师播放儿童歌曲《十个小印第安人》，提问："在歌曲中，一共有几位小印第安人？"

（2）教师边唱边示范：随着歌曲节奏一步一步拍手走路，模仿矮人走路，模仿高人走路。教师随意唱到歌曲里的数字，问幼儿这时是站在圈里还是圈外，当幼儿回答正确后，教师教他们唱这一句。用此方法，教师教唱全曲。

①十名幼儿站成一个大圈，在单小节，拍手走步，每一拍走一步拍一次手，直到全曲最后一拍——休止符。在双小节，教师如在原音区弹琴，仍旧拍手走路；教师如果降低八度弹琴，则学矮人走路；教师如果提高八度弹琴，则学高人走路（在一遍音乐内不换音区）。

②十名幼儿分成两组，单数在里圈学矮人走，顺时针方向；双数在外圈学高人走，逆时针方向。一遍音乐结束，教师弹一个快速下行音阶，单数幼儿迅速跑回外圈，站在原来的位置上（站在原来站大圈时在其左右的两个人中间）。音阶结束后没有找到原位置或找错位置的幼儿，暂时退出游戏一次。

③十名幼儿站成一个大圈，请一名幼儿在圈内走动，边走边在唱到数字一、二、三、四、五、六、七、八、九、十的时候摸大圈的幼儿的头，被摸到头的幼儿要马上点头行礼表示回答。一遍歌曲唱完，在第二遍的前奏中，被摸到头的幼儿站到圈内做矮人，其余的人做高人，继续玩前面的"找原位游戏"。

（3）带领幼儿边唱边做以上三种歌舞游戏。

（4）活动结束。幼儿排成两列纵队，边唱歌曲边做以上动作走出教室。

步骤六：开展活动

（1）教师提供充分的活动环境和道具。教师要为幼儿提供充分的物质材料和活动空间及时间，以及与同伴、教师互动的机会。教师要相信幼儿，放手让幼儿进行操作活动、交往活动，同时给予必要的指导。

（2）在游戏活动中要重体验、轻说教。在开展歌舞游戏活动时，教师要更多关注幼儿的情绪情感，观察他们是否从活动中得到愉悦的体验，而不是过度强调幼儿的节奏把握是否准确、所做动作是否到位等。

（3）在制作头饰时，鼓励幼儿展开想象，在制作印第安人头饰时，可以鼓励幼儿上网查找印第安人的形象图案，然后自己动手画出来再剪下来贴在硬纸板上，做一个独具个性的"印第安人"。

（4）评价幼儿在《十个小印第安人》游戏活动中的歌舞能力水平，见表3-6。

表3-6 儿童在《十个小印第安人》歌舞游戏活动中对音高、节奏的辨别能力评价表

内容	已达到等级		
音高准确度	能唱准歌曲音调	音高大致准确	不能唱出音的高低变化
节奏把握	能准确踩到节拍	大致能踩准节拍	找不到歌曲的节拍

【经验分享】

在开展幼儿园歌舞游戏活动中，音乐内容的选择是关键一环。一线教师在选择教学材料时，要注意选择符合幼儿年龄特点和他们的生活经验的、幼儿喜闻乐见的音乐作品。选择的音乐要节奏鲜明、段落分明、长短合适，富有趣味性。在选择或编排幼儿园歌舞游戏活动时，设计的活动难度不能偏高而使幼儿失去参与的兴趣，也不能过于简单、没有挑战性而使幼儿觉得无趣。因此，动作或队形的变化应符合孩子的能力水平。

【延伸学习】

在歌曲游戏活动中，唱歌是活动的一个重要组成部分。根据唱歌时声带振动和共鸣空间的不同，可将嗓音划分为若干音区：头声区（高声区）、胸声区（低声区）、混声区（中声区）三部分。

头声区是以头腔共鸣为主，即头部、鼻腔等各部位的共鸣。在头声区，声带拉紧，只是部分边缘振动，用头声区歌唱发出的音色清澈、明亮、清脆。胸声区的声音主要是在胸腔引起共鸣，由于声带振动幅度较大，而幼儿的声带又比较稚嫩，过多的胸声区负担会导致喉头僵硬、声带变厚等问题，所以在幼儿园的歌唱教学中不宜用胸声来歌唱。混声区是幼儿嗓音中最易发出且音色最自然、最动听的音区。

一般来说，幼儿在小字一组的a、b等音上的声音效果是最好的。由于混声区介于头声和胸声之间，发声时的感觉是在口腔，在练声初期应围绕儿童最易发出的几个音进行练习，然后进行拓展，使声音逐步达到均匀统一。在幼儿园中班的发音练习中，应该主要在小字一组的音域内发声，并注意 i、u 母音练习，这样混声区的声音就可以带有头声的性质。

【任务评价】

见表3-7。

表3-7 在歌舞游戏活动中培养对音高、节奏的辨别能力
——歌舞游戏活动《十个小印第安人》(中班)任务评价单

内容	评价要点	评价结果		
		优秀	良好	待改进
教学目标	设计的游戏活动能够始终围绕教学目标,让幼儿在歌舞活动中体会歌曲节奏			
教学内容	教学内容能够围绕教学目标设计,选择恰当,安排合理			
游戏方式	游戏设计活泼有趣,至少采用两种游戏方式			
幼儿参与度	幼儿在活动中情绪愉快,态度积极,参与意识强,有自主表现的欲望			

【任务小结】

歌舞游戏活动是音乐学习的一个重要环节,这种活动形式适合幼儿的年龄、心理特点,直接影响着幼儿音乐学习的积极性。幼儿熟悉并且喜欢的故事、童话等儿童文学作品,以及幼儿生活中有趣的事情,都可以成为歌舞游戏活动的素材。幼儿园经常开展歌舞游戏活动,对幼儿的艺术素养、审美能力是一种很好的熏陶,有助于幼儿充分发挥想象力和创造力,也有助于幼儿开朗、自信、合作品质的发展。

【拓展任务】

为儿歌《滑稽的脚先生》设计歌舞游戏活动(中班)。

滑稽的脚先生

$1 = D \quad \frac{4}{4}$

中速

外国儿童歌曲

汪爱丽 译配

| 1 3 2 4 | 3 5 i - | 3 4 3 4 | 5 5 |
| 先 用 脚 尖 | 踮 着 走, | 再 用 脚 跟 翘 着 走, | 还 用 |

| 6 6 5 5 | 4 4 2 5 5 | i 5 6 5 4 | 3 5 i - ‖ |
| 脚 边 走, 走得 | 歪 歪 扭 扭, 两 脚 | 并 拢 还 能 | 跳 跳 跳。 |

儿歌《滑稽的脚先生》是一首简单的复拍子歌曲,其音域控制在一个八度之内,旋律为密集型连接,少有大跳。虽然第一句和最后一句有纯四度跳进,但这属于主三和弦的分解和弦,因此在演唱时并无难度,整首歌曲非常适合4~5岁幼儿演唱。在设计歌舞游戏活动时,应注意以下几点:

（1）幼儿能够在教师的带领下，准确踏出歌曲的每一拍。

（2）幼儿能够用身体动作表现歌曲中叙述的"脚先生"的各种形态，能够用双脚做出歌曲中唱到的四种造型。

（3）幼儿能够在教师的带领下，根据歌曲情绪完整地边唱边进行集体舞表演。

任务三　创编音乐唱游活动——《小司机》（大班）

【活动目标】

（1）能够根据幼儿唱游活动的特点组织和实施音乐教育活动。

（2）能够结合歌曲的大意创编适合幼儿的唱游活动。

（3）掌握借助歌曲游戏活动表现音乐力度变化的教学设计方法，能够组织和实施幼儿唱游活动。

【任务描述】

唱游活动是把唱歌和游戏有机结合起来的一种适合幼儿身心健康发展的音乐游戏。它是学前儿童，特别是大班幼儿音乐游戏的主要形式之一，也是他们乐于参与的游戏形式，能够满足幼儿爱唱乐游的心理愿望。

在该任务中，教师针对儿童歌曲《小司机》的教学任务和目标，合理地将歌曲演唱有机地融入游戏活动中。唱游活动不仅能活跃幼儿的学习气氛，激发幼儿学习兴趣和参与音乐活动的热情，还能够促进教学任务和教学目标的实现，从而进一步提高幼儿感受歌曲的情绪，对创编歌词和唱游活动起到积极的推动作用。

【任务分析】

创设音乐唱游教学，是学前儿童音乐学习的主要手段之一。根据皮亚杰的认知发展心理学理论，幼儿的认知发展水平正处在象征思维和直觉的半逻辑思维为主的前运算思维阶段。该阶段的幼儿虽然具有较强的艺术潜能，但仍不具备接受系统知识教育和技能训练的能力，而游戏是该阶段幼儿特有的学习活动和审美活动形式，能充分满足该阶段幼儿的心理发展需求。

幼儿天性喜爱音乐，但由于思维水平的限制，还不能将音乐艺术活动当成有目的、有意识的审美创造活动，他们只是为了自己喜欢、为了在音乐活动中获得快乐才对音乐乐此不疲。因此在幼儿园大班的音乐教学活动中，采用唱游活动来组织音乐教学，符合大班幼儿音乐学习的规律。

【任务实施】

步骤一：分析任务特点

（1）儿童歌曲《小司机》旋律活泼，歌词通俗易懂，生动地表现了一名希望为祖国运输做贡献的小司机的形象。小汽车是很多小朋友喜欢的玩具，家长和老师可以借助汽车玩具，教孩子学习关于汽车和交通安全的知识。这首歌曲也可以作为家长传授汽车、安全知识的一个素材。

（2）《小司机》的音域。这是一首简单的单拍子歌曲，该曲音域超过了八度，旋律为密集型连接，少有大跳，虽然开头一句有纯四度跳进，但这属于主三和弦的分解和弦，因此在演唱时并无难度，整首歌曲非常适合5~6岁幼儿演唱。

步骤二：确定活动目标

（1）幼儿能够模仿教师，用身体动作表现出歌曲中叙述的小司机的形象，能够用双臂做出转动小汽车方向盘的动作。

（2）幼儿能够在教师指导下，对歌曲的歌词和旋律进行充分想象，创编出符合音乐形象的音乐游戏。

（3）幼儿能够在教师的带领下，根据歌曲情绪创编一段歌词及音乐游戏。

步骤三：准备活动道具

儿童歌曲《小司机》音频及播放设备、红绿颜色小飞盘各一个、小朋友每人自带玩具小汽车一辆。

步骤四：设计活动过程

（1）教师引导幼儿："今天天气真好，咱们一起开车去郊游吧！现在我们来到停车场，每个人找一辆车。给汽车打气（四轮）、加油。小汽车要开了，我们去郊游，大家说说我们去哪里玩？"然后教师播放《小司机》音频。

相关链接

爱玩、好动是幼儿的天性，虽然唱游形式符合他们的生理、心理特征，但他们注意力易于分散、持续性差。因此，教师可采用引导式、情节式、情绪式三种形式，引导幼儿专注地参与唱游活动。

引导式：以动作直接表现歌词内容，意思明确，动作明了。教学时应引导幼儿从歌词入手，通过对歌词的理解，抓住人或物的动作特征，特别是形态动词的特征，自己创编动作。

情节式：有人物、有角色、有过程、有情节地边演唱边游戏。教学中引导幼儿从歌曲内容、音乐的艺术形象入手，展开丰富的联想，根据典型的情景并借助道具来创编音乐游戏。

情绪式：从歌曲的音乐形象和情绪出发，边歌边舞。教学中应让幼儿从歌曲的曲调、风格、内容入手，通过感受与理解音乐的艺术形象，根据歌曲的整体情感创编音乐游戏。

（2）教师带领幼儿随着歌曲节奏模仿开车动作，通过设问："小汽车，嘀嘀嘀，开着小车去市里，走到路口处看到红灯亮了，你们该怎么办？三十秒后绿灯亮了，又该怎么办？"引出回答："红灯停，绿灯行，司机应该看信号开车行进。"

①听音游戏活动：教师弹奏儿歌《小司机》，听到音符6幼儿做开车动作，听到音符2幼儿做停车动作。

②看信号游戏活动：用不同颜色的小飞盘做交通信号灯提示，教师播放儿歌《小司机》音频，同时每隔一个乐句变换一次小飞盘颜色，当小朋友看到红色小飞盘时应做停车动作，看到绿色小飞盘时要做开车动作。

③到动物家做客：教师再次播放儿歌《小司机》音频，同时带领小朋友向指定的方向行进，到小动物家做客。

到小鸭子家，小朋友们一起唱《数鸭子》

到小兔子家，小朋友们一起唱《小兔子乖乖》

到小熊家，小朋友们一起唱《洋娃娃和小熊跳舞》

……

（3）教师带领幼儿边唱边做以上三种唱游活动。

（4）教师在展示自己创编的唱游活动后，引导幼儿自己创编一个《小司机》的唱游活动。

步骤五：撰写活动方案

《小司机》

活动目标

（1）能够根据幼儿唱游活动的特点组织和实施音乐教育活动。

（2）能够结合歌曲的大意创编适合幼儿的唱游活动。

活动准备

（1）游戏道具：玩具小汽车、红绿颜色小飞盘。

（2）儿童歌曲《小司机》音频及播放设备。

（3）游戏场地。

活动过程

（1）导入。教师通过设问："小汽车，嘀嘀嘀，开着小车去市里，走到路口处看到红灯亮了，你们该怎么办？三十秒后绿灯亮了，又该怎么办？"引出回答："红灯停、绿灯行，司机应该看信号开车行进。"

（2）教师示范听音游戏活动：首先弹奏儿歌《小司机》，引导幼儿听到音符6做开车动作；听到音符2做停车动作。

（3）教师示范看信号游戏活动：用不同颜色的小飞盘做交通信号灯提示，教师播放儿歌《小司机》音频，同时每隔一个乐句变换一次小飞盘颜色，当小朋友看到红色小飞盘时应做停车动作，看到绿色小飞盘时要做开车动作。

（4）教师再次播放儿歌《小司机》音频，同时带领小朋友向指定的方向行进，到小动物家做客。

到小鸭子家，小朋友们一起唱《数鸭子》

到小兔子家，小朋友们一起唱《小兔子乖乖》

到小熊家，小朋友们一起唱《洋娃娃和小熊跳舞》

（5）教师带领幼儿边唱边做以上三种唱游活动。

（6）教师在展示自己创编的唱游活动后，引导幼儿自己创编一个《小司机》的唱游活动。

（7）活动结束。幼儿在教师带领下，享受创造性的音乐游戏带给他们的愉悦。

步骤六：开展活动

（1）鼓励幼儿勇于参与游戏活动。在游戏活动的实施过程中，有些思维活跃、性格外向的幼儿总是能够积极参与教师设计的游戏活动，因此在某种程度上也抑制了少数性格内向的幼儿的表现意愿，这时教师的平衡作用就显得尤为重要了。教师在关注那些积极活跃的幼儿的同时，也要鼓励那些性格内向的幼儿，让他们加入集体活动中，一同体会集体游戏带来的欢愉。

（2）在游戏过程中激发幼儿的创编欲望。每一首儿童歌曲都可以衍生出若干个音乐游戏，教师在游戏的实施过程中应该逐步引导，最大限度地挖掘每一个幼儿的创作潜能。这种音乐游戏创作没有正确与错误之分，没有标准答案，因此每个幼儿的创作成果都应该受到表扬和鼓励。

（3）评价幼儿在《小司机》唱游活动中是否有边歌唱边表演的兴趣，是否愿意模仿教师的唱游活动，以及是否有意愿创编新的唱游活动，见表3-8。

表3-8　幼儿在《小司机》唱游活动中的能力评价表

内　　容	方　　法
在教师的带领下边演唱边模仿教师做游戏动作	实地观察
在教师的启发与激励下，创编新的歌词，并参与新的唱游活动	综合分析

【经验交流】

唱游教学法的注意事项：

唱游素材多为自编自选，因此要在充分研究歌曲的节奏、旋律的基础上，精心设计出富有儿童情趣、与歌唱内容相吻合的音乐动作和游戏形式。

在对歌词进行再创作时，内容要符合大班幼儿身心发展特点和接受能力，歌词所对应的动作力求简单易学。

在唱游活动过程中，要注意把握唱中学、学中玩的尺度，要充分利用音响设备，使幼儿在音乐伴奏中学唱，这样既可以避免幼儿较长时间歌唱而损伤声带，又可在优美的音乐旋律中提高幼儿动作的节奏感和韵律感，陶冶情操，激发幼儿学习的积极性。

延伸阅读

幼儿热衷于游戏过程的快乐，只有当幼儿音乐教育活动具有游戏般的特点，给孩子带来快乐和满足时，音乐才会对幼儿充满诱惑，才能真正成为幼儿的需要。

在幼儿创编的过程中，教师应不断暗示幼儿他们能够独立自信地创编出与众不同的、具有独创特征的唱游活动。在音乐课堂中，我们经常看到这种现象：教师对某些孩子有一定偏爱，并寄予较高期望，结果这些孩子上音乐课时，情绪饱满、自信，对老师的指令心领神会。这种现象被哈佛大学心理学家罗森塔尔称为"皮格马利翁效应"（Pygmalion Effect），也称为"期待效应"。一次罗森塔尔考察美国某校，随意从每班抽3名儿童共18人，将他们的名字写在一张表格上，交给校长，并极为认真地说："这18名儿童经过科学家测定全都是高智商型人才。"事过半年，罗森塔尔又来到这所学校，发现这18名儿童的确超过一般儿童，进步很大，若干年后这18人全部在不同岗位上做出了非凡的成绩。随后，罗森塔尔提出了他的这一理论，也就是期望心理中的共鸣现象效应。

"皮格马利翁效应"指人们基于对某种情境的知觉而形成的期望或预言，会使该情境产生适应这一期望或预言的效应。罗森塔尔认为,只要充满自信地期待,只要真的相信事情会顺利进行,事情一定会顺利进行,相反,如果你一直以为事情不断地受到阻力,这些阻力就会产生。

"皮格马利翁效应"留给我们这样一个启示:赞美、信任和期待幼儿具有一种能量,它就能改变幼儿的行为,当幼儿获得了教师的信任、赞美时,他便感觉获得了支持,从而增强了自我价值感,变得自信,获得了一种积极向上的动力,最终会达到教师的期待。

【任务评价】

见表3-9。

表3-9 在音乐唱游活动中培养儿童的创编能力
——音乐唱游活动《小司机》(大班)任务评价单

内容	评价要点	评价结果		
		优秀	良好	待改进
活动目标	设计的唱游活动能够始终围绕教学目标,让幼儿在唱游过程中感受到音乐游戏的愉悦性			
歌曲选择	选择的唱游歌曲生动形象,符合幼儿园大班幼儿的接受能力,易于设计唱游活动			
创造力激发	设计的唱游活动由模仿到创编,层层铺垫,能够激发幼儿的创新思维			
幼儿参与度	幼儿在活动中情绪愉快,态度积极,参与意识强,有自主表现的欲望			

【任务小结】

唱游活动是幼儿园音乐游戏活动的主要形式之一,它符合幼儿心理和生理需求的规律,顺应儿童活泼好动的本性,因此在学前音乐教学中起着至关重要的作用。德国教育家第斯多惠认为,"教学的艺术不在于传授的本领,而在于激励、唤醒和鼓舞"。本任务在引导幼儿创编同幼儿歌曲紧密结合的音乐游戏过程中,能够激发幼儿饱满的学习热情,促使幼儿以积极的态度和旺盛的精力主动求知,从而获得最佳教学效果。

【拓展任务】

为儿童歌曲《我是一只小茶壶》设计音乐唱游活动(大班)。在设计游戏活动时,应注意以下要点：

（1）幼儿能够模仿老师，用身体动作表现出歌曲中叙述的茶壶的形态，能够用双臂做出茶壶的把手和茶壶嘴的造型。

（2）幼儿能够在老师的指导下，对歌曲的歌词和旋律进行充分想象，创编出符合音乐形象的音乐游戏。

（3）幼儿能够在老师的带领下，根据歌曲情绪创编一段歌词及音乐游戏。

【专家支招儿】

目前我国学前儿童音乐课堂教学活动主要有两种方式，一种是全班集体活动，还有一种是小组集体活动，这两种方式都具有独特的教学优势。

（1）全班集体活动。全班集体活动是音乐教师对幼儿进行有组织、有目的、有计划的教学的音乐学习活动形式。全班集体活动能够使幼儿在短时间内获得相应的教育信息，教师能在一定的时间和空间里，充分利用教育资源，有计划、有组织地进行教学，促进所有的孩子在原有水平上得到一定发展。

（2）小组集体活动。小组集体活动有利于幼儿之间带动学习，让每一名幼儿都参与到小组的合作中来，容易提高他们的音乐学习兴趣，而且还可以让一些性格内向、平时不善于表现的幼儿得到个人展示的机会。小组集体活动还可以启动课堂竞争机制，调动幼儿竞争心理，有益于激活幼儿大脑沉睡的神经元，使思维系数大幅度提高，增强音乐课堂教学效果。

【单元总结】

游戏是幼儿的天性，是幼儿最自然的活动方式，同时也是对幼儿进行教育的重要手段。音乐游戏是在幼儿自发游戏的基础上，为实现一定的音乐教育目标而编制的有规律的活动。

音乐游戏是以发展学前儿童音乐能力为主要教育目标的活动，幼儿在自由愉悦的游戏中能提高对音乐的感受能力、表现能力和创造能力，也能提高交往能力、合作能力和自控能力。在自由愉悦的音乐中，幼儿可以获得更多的积极情绪体验，这种情绪体验的积累对发展幼儿的音乐爱好和从事音乐活动的兴趣有着至关重要的作用。对于学前儿童来说，游戏是他们全部兴趣所在，是一种最好的学习方式。在音乐教学中设计一些游戏活动，能够使孩子在游戏活动中自然感受音乐的美，用身体感知、体验音乐的基本要素，感受身体与音乐契合所带来的乐趣，实现情感的外显表达。

【单元练习】

以儿童歌曲《我爱我的幼儿园》为素材，尝试创编以下三种游戏活动：音乐节奏游戏活动、歌舞游戏活动、音乐唱游活动。创编的活动要各有侧重，能够突出三种游戏活动的不同特点。

我爱我的幼儿园

佚名 词曲

第四单元

欣赏类音乐教育活动设计与实施

单元概述

音乐是听觉的艺术，音响必须通过听觉感知才能实现其存在的价值。正是由于音乐艺术的这种特征，为我们明确了学前音乐教学的首要任务，即音乐教育必须遵循"以听为中心"的原则，把全部教学活动牢固地建立在欣赏的基础上，进而达到发展幼儿的音乐听觉，培养幼儿对音乐良好的感知能力的目标。唱歌、演奏、识谱等均离不开听觉的主导作用，音准、节奏型、声音表现力等诸因素也都需要由听觉来鉴定和调整。所以，只有紧密地围绕着听觉来展开音乐教学活动，才能顺应音乐学科的学习规律，使音乐教学收到良好的效果。

单元目标

知识目标

（1）掌握培养幼儿音乐欣赏类教学活动的策略和方法。
（2）掌握幼儿音乐欣赏类教学活动方案的设计方法和实施过程。

（1）能引导幼儿主动聆听音乐并有意愿表达自己的感受。
（2）能够培养幼儿良好的欣赏习惯。
（3）能够适当选材，设计出幼儿园欣赏类音乐教学活动方案。
（4）能根据音乐素材创编出适合幼儿操作的欣赏类音乐教学活动。

情感态度目标

（1）增强对绘画和音乐之间内在联系的把握。
（2）热衷于在乐音中体会音乐带来的意蕴和美感。

任务一 借助器乐欣赏音乐——《春节序曲》（小班）

【活动目标】

（1）掌握运用打击乐器表现音乐作品中音乐节奏变化的教学设计方法。
（2）能够选择不同风格的音乐作品，借助打击乐器设计与组织音乐形象各异的欣赏活动。
（3）能够根据中外音乐作品的不同特点，选择恰当的欣赏形式。

【任务描述】

学前儿童音乐欣赏类教学活动是幼儿园音乐学习的重要组成部分，也是学前音乐教育中各种音乐教学法的基础。本任务为借助器乐欣赏《春节序曲》，目的是让幼儿从简单的打击乐器入手，对乐曲的节奏型辅以伴奏，在音乐实践中体会单三部曲式结构、弱起乐句的特征以及乐曲的强弱变化，在实际操作中掌握乐器辅助参与音乐欣赏教学的方法与策略。

【任务分析】

本任务的关键是借助打击乐器设计与组织同乐曲《春节序曲》相匹配的器乐伴奏，在设计打击乐器辅助儿童欣赏中外名曲时，要充分考虑到所创编的活动与乐曲的旋律、节奏和情绪的紧密配合。基本操作要点如下：

（1）教师在示范打击乐器的使用方法时要注意抓握乐器的手法得当，动作避免紧张僵硬，演奏力度要强弱适中。
（2）教师能够体会秧歌舞步的艮劲儿、美劲儿及泼辣劲儿，在示范动作时能够传达出人们过春节时喜洋洋、美滋滋的心气儿。
（3）教师在示范动作时应注意：秧歌的重心移动是不可缺少的过程，是"浪起来"的基础，它起着掌握节拍、灌满音乐的作用。从前到后、从左到右的重心移动过程，速度及幅度都由它牵动及控制。重心移动的过程越慢、越细腻、走的路线越长、弧度越大，那身上的"浪"就越清楚，与此同时，整体动作就显得较有力度、有韧劲、有文化、有内涵。

【知识储备】

打击乐器是幼儿最容易掌握的乐器。幼儿对声音具有一种天生的敏感性，而且每个孩子都喜欢敲敲打打，因此打击乐器很契合幼儿这种与生俱来的本能。由于打击乐器的演奏主要使用的是大肌肉的动作，因而掌握起来并没有太多困难。幼儿园常用打击乐器可以分为两大类，如表4-1所示。

表4-1 幼儿园常用的打击乐器

无固定音高的打击乐器				有固定音高的打击乐器		
皮革类	木质类	金属类	散响类	钟琴	金属琴	木琴

一、无固定音高的打击乐器

1. 皮革类打击乐器

皮革类打击乐器即鼓类打击乐器，幼儿园常用的皮革类打击乐器有手鼓、铃鼓、小军鼓、大小堂鼓、架子鼓、定音鼓、排鼓等，这类打击乐器的特点是音量大，较低沉、浑厚，在强拍上给人以稳定感。

2. 木质类打击乐器

木质类打击乐器由竹木制成，幼儿园常用的木质类打击乐器有单响筒、双响筒、响板、梆子、木鱼等，这类打击乐器的特点是声音清脆、响亮、短促，无延绵音，颗粒性强。

3. 金属类打击乐器

幼儿园常用的金属类打击乐器有三角铁、碰铃、锣、镲等，其特点是延绵音长，声音明亮，穿透力强。

4. 散响类打击乐器

幼儿园常用的散响类打击乐器有串铃、沙槌、沙蛋、海鼓等，这类打击乐器的特点是音量小，声音细碎，不宜做强拍和复杂的节奏型。

二、有固定音高的打击乐器

1. 钟琴

钟琴由金属音条构成，音条一般用硬质的镀镍金属制成，有13个左右，声音清脆明亮，音区较高。

2. 金属琴

金属琴包含钢片琴、铝片琴、铁片琴，多由11～13个音条构成，延绵音强烈长久，声音柔和模糊，具有神秘色彩。

3. 木琴

木琴是用红木、紫檀木制成的有共鸣箱的音条乐器。

在学前音乐教育的初期，可以遵循由简入繁的教学顺序，从简单的无固定音高的打击乐器入手，逐渐向有固定音高的打击乐器过渡，以降低教学难度，增强幼儿学习兴趣。

【任务实施】

步骤一：分析任务特点

管弦乐曲《春节序曲》是《春节组曲》的序曲部分，集中表现了中国人过春节的热闹景象。它是我国著名作曲家、音乐理论家李焕之创作的一部作品。这首乐曲是采用我国民间的秧歌音调、节奏与陕北民歌为素材创作而成的。《春节组曲》作于1955—1956年，乐曲以陕北民间秧歌的音调和节奏为素材，旋律明快，生动地表现了我国人民在传统节日里热闹欢腾、喜气洋溢、敲锣打鼓、载歌载舞的场面。第一乐章《春节序曲》，描写的是过春节时人们扭秧歌的情景，乐曲里加入了闹秧歌的锣鼓节奏，主题由两首陕北民间唢呐曲组成，乐曲欢快热烈。中间部分是一首悠扬的陕北民歌，其主题先由双簧管演奏，再由大提琴重复，最后由小号独奏把音乐推到高潮结束。

步骤二：确定活动目标

（1）幼儿能够在教师的带领下，为乐曲进行打击乐伴奏。

（2）幼儿能够在教师的引导下，准确做出常规节奏和切分节奏的转换，并能够兼顾强弱拍的对比。

（3）幼儿能够在音乐的浸润中，感受到春节热闹的喜庆气氛，并且在新春佳节时能把这种欢乐祥和的情绪传递给亲朋好友。

步骤三：准备活动道具

与过春节相关的图片或视频、双响筒、小堂鼓、碰铃等打击乐器。

步骤四：设计活动过程

（1）教师播放管弦乐曲《春节序曲》，同时展示与过春节相关的图片或播放视频。

春节序曲（节选）

李焕之 曲

(2)教师再一次播放乐曲,在辅助带班教师敲击双响筒的伴奏下,用律动的形式打出以下节奏:

乐曲的第二部分节奏与前面有所不同,出现了切分音节奏,这一部分教师要示范扭秧歌的动作,让幼儿观察这里的动作并模仿着做出来:

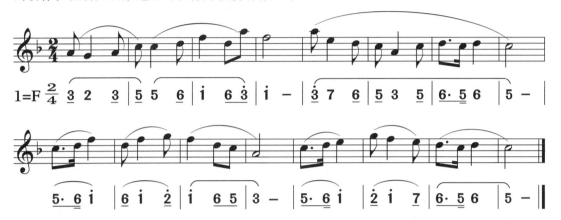

相关知识点

切分音就是旋律在进行中,由于音乐发展的需要,音符的强拍和弱拍之间发生了强弱拍的倒置。

通常一个音从弱拍或者从强拍的后半拍开始,并将后一拍持续在内,它打破了音乐中正常的强弱规律,使原来的强弱关系颠倒了,这种音型就是"切分音"。

在演唱和演奏时,要特别强调切分音,因为它是新节奏的强拍。在《春节序曲》第二段中的第一、三、五、七小节都有连续的切分音,使得乐曲节奏变化多样,乐曲发展的内在动力增强。

(3)幼儿观摩教师示范之后,一位教师清唱乐曲旋律,另一位教师则带领幼儿做以上扭秧歌律动活动。这段音乐抒情优美、节奏舒展、速度徐缓,与前一部分形成鲜明对比,表现了人们在节日中相互亲切地祝福和问候,也抒发了人们对幸福生活的憧憬。教师应给予幼儿足够的指导,使其慢慢领悟动作要领和乐曲所表现的内容。

(4)当大部分幼儿都能够听着音乐做出相应动作时,教师可带领幼儿边清唱乐谱边敲击打击乐器。教师在带领幼儿活动时,应始终关注幼儿的操作水平,时刻注意幼儿的动作是否跟得上清唱乐谱的节奏。音乐的速度应随着幼儿学习的进度有所调整,当大部分幼儿已经能够在当前速度下完成操作时,教师可以适当提速,直到与原曲速度接近。

乐曲第二部分的切分音是该活动的难点所在,要遵循由慢及快的原则进行练习。

(5)当大多数幼儿在教师带领下,在欣赏音乐的同时能够用打击乐器进行节奏乐伴奏时,教师用准备好的《春节序曲》原曲音频替代教师的清唱。乐曲中固定的节奏型还可以继续使用双响筒,由辅助带班的教师操作。全班幼儿在欢快喜悦的音乐浸润中,边聆听边演奏,感受音乐的美妙。

相关链接

音乐欣赏活动经历的三个不同层次:

第一层次，感官的欣赏。相对于其他两个层次更倾向于满足欣赏者感官愉悦的需求，处于这一层次的欣赏一般无须加入欣赏者的主动思考，是比较肤浅的欣赏。

第二层次，联想的欣赏。在这个层次中，欣赏者对音乐作品注入了主观的分析和理解，音乐可以激发个人的喜怒哀乐。通过聆听音乐，欣赏者可以感受到许多难以名状的个体体验，引起思想情感的共鸣，产生丰富的联想，从而在音乐中获得美的享受。

第三层次，理智的欣赏。这是一个相对深入的欣赏层次，在这个层次中，欣赏者不仅对音乐作品所体现出来的音乐形象有较深刻的理解，而且对于作品的主题思想、作品的形式和风格以及作者的创作动机、表现手法都有较丰富的认识。通过欣赏，欣赏者的精神能够获得极大的满足，达到一种新的思想境界。在这个层次中，欣赏者不仅对音乐的各种表现手段有较为敏锐的感受，而且对作品的形式、作曲家的创作意图和赋予作品的思想内容也有更为深入的理解。

春节序曲

（第一乐章主旋律）

李焕之　曲

步骤五：撰写活动方案

《春节序曲》

活动目标
（1）能够在教师带领下，为乐曲进行打击乐伴奏。
（2）能够做出常规节奏和切分音节奏的转换，并能兼顾强弱拍的对比。
（3）能够在音乐的浸润中，感受到春节热闹的喜庆气氛，并能把这种欢乐祥和的情绪在新春佳节时传递给亲朋好友。

活动准备
（1）与过春节相关的图片或视频。
（2）管弦乐曲《春节序曲》的音频及播放设备。
（3）双响筒、小堂鼓、碰铃等打击乐器。
（4）活动场地

活动过程
（1）教师播放管弦乐曲《春节序曲》，同时展示与过春节相关的图片或播放视频。
（2）教师再一次播放音乐，在辅助带班教师敲击双响筒的伴奏下，用律动的形式打出这首乐曲的主要节奏型。
（3）幼儿观摩教师示范之后，一位教师清唱乐曲旋律，另一位教师带领幼儿做扭秧歌律动活动。
（4）当大部分幼儿能够听着音乐，在教师的带领下做出相应动作时，教师可以给幼儿分发打击乐器。
（5）教师跟随音乐示范两遍，然后在慢速的音乐中，带领幼儿边欣赏乐曲边敲击打击乐器。当看到大部分幼儿已经能够在当前速度下完成操作时，教师可以适当提速，直至与原曲速度接近。
（6）教师用准备好的管弦乐曲《春节序曲》音频替代清唱。全班幼儿在热闹欢快的音乐浸润中，边聆听边演奏。
（7）活动结束，幼儿交还打击乐器。

步骤六：开展活动

幼儿音乐活动的能力是在他们大胆表现自我的过程中逐步发展起来的，因此，在音乐教育活动中，教师的作用在于激发幼儿对音乐的感受和表现，并在此过程中丰富幼儿对音乐的审美体验。

评价幼儿在《春节序曲》欣赏活动中借助乐器演奏欣赏音乐活动的能力，需要从以下三点具体要求入手，见表4-2。

表 4-2 《春节序曲》幼儿音乐欣赏活动能力评价表

内容	已达到等级		
对打击乐器操作要领的掌握	能准确掌握打击乐器操作要领	大致能掌握打击乐器操作要领	基本无法掌握打击乐器操作要领
对乐曲节奏感的把握	能听着音乐准确打出乐曲的节奏	大致能跟着音乐准确打出节奏	找不到乐曲的节奏
对切分音的掌握情况	能在切分音处准确敲击节奏	能大致准确地在切分音处敲击乐器	无法区分切分音

【经验分享】

著名作曲家阿隆·科普兰在《怎样欣赏音乐》一书中指出："如果你要更好地理解音乐，再也没有什么比倾听音乐更重要的事，什么也代替不了倾听音乐。"

【任务实施】

借助打击乐器辅助幼儿欣赏音乐的教学方式，容易被幼儿理解、接受，易于调动幼儿的积极性，实现全体参与。但是在实际活动过程中，也需要参照一些具体的参照标准。任务完成后，主要从以下几个方面评定设计和实施效果。见表 4-3。

表 4-3 借助器乐欣赏音乐——《春节序曲》（小班）任务评价单

内容	评价要点	评价结果		
		优秀	良好	待改进
教师示范	教师示范动作明晰、准确到位			
活动内容	活动内容能够围绕教学目标设计，选择恰当，安排合理			
难易程度	符合小班幼儿的接受能力			
幼儿参与度	幼儿在活动中情绪饱满、乐于参与			

【任务小结】

学前儿童的音乐欣赏能力属于幼儿内化的心理因素，幼儿教师应当针对欣赏内容，设计出一系列教学活动，将其内在的心理活动转化成外在的行为，并用生动形象的方式表现出来，满足幼儿的表现欲望。器乐活动无疑是一种满足幼儿表现欲望的活动形式，乐器不仅是一种伴奏工具，也是幼儿模仿生活中声音的道具，借助打击乐器进行音乐欣赏，无论从理论还是实践来看，都是幼儿乐于接受的学习方式。

【拓展任务】

用打击乐器为乐曲《四小天鹅舞曲》设计欣赏教学活动（小班）。

四小天鹅舞曲

〔俄〕柴可夫斯基　曲

乐曲《四小天鹅舞曲》是浪漫主义时期俄罗斯作曲家柴可夫斯基所创作的芭蕾舞剧《天鹅湖》中的片段，该曲是这部舞剧中最受人们欢迎的乐曲之一。这首乐曲旋律婉转优美，节奏轻松跳跃，情绪活泼欢快，形象地描绘出了四只小天鹅在湖畔嬉戏漫游的情景。《四小天鹅舞曲》以八分音符奏出轻快的乐句，生动地表现了四只小天鹅天真可爱的形象，整首乐曲活泼、跳跃、明快、轻松。在设计欣赏教学活动时，应注意以下要点：

（1）要能够体现出乐曲婉转优美、轻松跳跃、活泼欢快的风格，创编的器乐合奏能够与乐曲相吻合。

（2）可以增加有固定音高的打击乐器为乐曲旋律伴奏，伴奏音型应选择以主音（T）和属音（D）交替的固定音型，以降低伴奏难度。

任务二　借助绘画手段欣赏音乐——《唱脸谱》（中班）

【活动目标】

（1）能够根据音乐作品的特点，选择幼儿喜爱并且能够胜任的欣赏形式。
（2）能够结合简单的绘画活动，设计适合幼儿的音乐欣赏活动。
（3）能够广泛选取中外优秀音乐作品中具有鲜明画面感的经典作品，为幼儿设计欣赏活动。

【任务描述】

众所周知，绘画与音乐是人类艺术领域的两大学科，二者看似两种互不相关的艺术形式——音乐需要诉诸人们的听觉感官表达情感，是听觉的艺术、时间的艺术；绘画是诉诸人们的视觉感官表现其线条和色彩，是视觉艺术和空间艺术。但是在现实的艺术生活中，人们常常能够在音乐作品中感知其所描绘的画面，也能够在绘画作品中感受到音乐的旋律，似乎有一个看不到、摸不着，但又确实存在的通道将音乐和绘画连接起来。所以人们常说绘画是凝固的音乐，音乐是流动的绘画。音乐是流动的，稍纵即逝，而作为视觉对象的绘画却是十分稳定的，人们可以反复地加以观察和欣赏。由此可见，在音乐教学中适当地运用绘画、图谱等视觉图像，对辅助幼儿欣赏音乐是大有益处的。音乐作品中存在着很多抽象的因素，往往无法用语言表达，幼儿难以理解、难以表现，而借助直观的画面，则可以使幼儿将视觉与听觉相结合，易于幼儿接受，能够增强幼儿的欣赏兴趣。

【任务分析】

本任务的关键是设计出符合幼儿绘画能力，并能够吸引幼儿注意力的边欣赏音乐边绘画的活动。在音乐欣赏过程中，经过教师的讲解和释义，幼儿能够根据乐曲所表达的内容，用简单的笔法和绘画基调，勾勒出乐曲所叙述的内容。在设计绘画辅助音乐欣赏的教学活动时需要注意以下要点：

（1）教师在选材上要精挑细选，首选那些有具体描写内容的标题音乐，因为这样的音乐易于把握其描绘对象，音乐语言生动形象、不晦涩，容易被幼儿理解。

（2）教师准备的图片要与乐曲所表达的情绪相符，争取做到数量丰富、描绘准确，这些图片要能够开拓幼儿的创造思维，激发幼儿的创造潜能。

（3）教师设计的活动内容和目标能要层层递进，每设计一个环节都要为下一环节进行铺垫，逐步把儿童已有的色彩、图形等方面的绘画基础知识与音乐欣赏自然结合，并贯穿于整个欣赏活动之中。

【经验分享】

在谈到绘画与音乐的关系以及它们之间的通感时，人们很容易想到黑格尔的一段话："音乐和绘画有密切的亲族关系，部分由于在这两门艺术里内心生活的表现都占较大的比重。现在的艺术教学，在材料处理方面，绘画可以越过边境进入音乐的领域。"

【知识储备】

音乐与绘画之间的关联，可以用"通感"来解释，就是把视觉、听觉、嗅觉等不同感官的感觉沟通，借助联想引起感性转移。在通感的作用下，艺术创作和艺术鉴赏中各种感觉器官之间的界限消失，彼此互相沟通。此时，音乐中的音阶就成为作曲家的"调色盘"。目前关于绘画中的色彩和音乐中的音阶之间的关联，仁者见仁，智者见智，但有一种理论逐渐被世人所接受，那就是：绘画中的红色象征着一种热情澎湃的力量，它强烈充实，稳定浑厚，具有安定感，与音阶中的 C 属性相近；橙色介于红色与黄色之间，个性比较温和，与音阶中的 D 属性接近；黄色是三原色中明亮度最高的颜色，具有积极活泼、明快愉悦之感，与音阶中的 E 属性有类似之感；绿色给人的感觉是清新蓬勃、生机盎然，与音阶中的 F 属性相近；青色是介于蓝色和绿色之间的过渡色彩，给人一种宁静悠远的感觉，与音阶中的 G 属性相似；蓝色是众人心中公认的忧郁伤感的代名词，与音阶中的 A 有共同之处；紫色代表神秘孤傲与虚幻迷离，就像音阶中的 B。

【任务实施】

步骤一：分析题材特点

《唱脸谱》是一首以脸谱为歌唱题材的歌曲，它巧妙地将通俗歌曲的演唱风格和伴奏手法与曲艺音乐、戏曲音乐融合在一起，生动地描绘了京剧中各种人物角色脸谱的特点。它既是流行歌曲，又是京剧唱段，听起来让人耳目一新、韵味十足。该作品旋律朴实亲切，具有浓郁的京剧韵味，给人以"源于京剧，胜于京剧"的亲切感、新鲜感、时代感，是群众喜爱的"戏歌"。听着这首歌曲，闭上双目，就好像一幅幅生动的脸谱映入眼帘。它作为一首音乐和绘画相结合的欣赏作品再合适不过了。

步骤二：确定活动目标

（1）培养幼儿在今后的音乐欣赏活动中自觉地将音乐和绘画建立联系，听到音乐后能够在大脑中展开一幅幅画卷。

（2）培养幼儿善于联想的习惯，听到音乐后，能够主动将音响符号进行加工，想象出符合音乐情绪的个性画面。

（3）通过欣赏乐曲，使幼儿感受到戏曲音乐——京剧唱腔的独特之美。

相关链接

京剧，曾称平剧，是中国五大戏曲剧种之一，腔调以西皮、二黄为主，用胡琴和锣鼓等伴奏，被视为中国国粹，位列中国戏曲三鼎甲"榜首"。京剧的前身是徽剧。清代乾隆五十五年（1790年）起，原在南方演出的三庆、四喜、春台、和春四大徽班陆续进入北京，与来自湖北的汉调艺人合作，同时又接受了昆曲、秦腔的部分剧目、曲调和表演方法与民间曲调，通过不断的交流融合，最终形成京剧。京剧形成后在清朝宫廷内快速发展，直至民国达到空前的繁荣。在2010年11月16日，京剧被列入"人类非物质文化遗产代表作名录"。

舞台艺术通过无数艺人的长期舞台实践，在文学、表演、音乐、唱腔、锣鼓、化装、脸谱等各个方面，构成了一套互相制约、相得益彰的格律化和规范化的程式。它作为创造舞台形象的艺术手段十分丰富，而用法又十分严格，不能驾驭这些程式，就无法完成京剧舞台艺术的创造。由于京剧在形成之初，便进入了宫廷，使它的发育成长不同于地方剧种，要求它所表现的生活领域更宽，所塑造的人物类型更多，对它的技艺的全面性、完整性也要求更严，对它创造舞台形象的美学要求也更高。当然，同时也相应地使它的民间乡土气息减弱，淳朴粗犷的风格特色相对淡薄。

步骤三：准备活动道具

油画棒、水彩笔、白纸、彩纸、剪刀、胶棒、京剧脸谱图片若干。

步骤四：设计活动过程

（1）在《唱脸谱》的歌曲背景下，教师边介绍京剧艺术的起源、脸谱的含义，边展示相应的图片。

0 2 1 2 3 2 3 | 0 3 2 3 1 2 | 0 2 1 2 3 2 3 5 | 2 1 6 1 0 0 |
蓝脸的 窦尔敦 盗 御 马， 红脸的 关 公 战 长 沙，
紫色的 天 王 托 宝 塔， 绿色的 魔 鬼 斗 夜 叉，

第四单元　欣赏类音乐教育活动设计与实施

```
0 i 5 6 i i | 0 2 i 2 3 3̲ 2 | 0 7 6 7 2 - | 2 0 3 2 3 | 4 0 4 -
黄脸的典韦，  白脸的曹操，  黑脸的张    飞  叫  喳  喳。
金色的猴王，  银色的妖怪，  灰色的精    灵  笑  哈  哈。

4 - - 4.5 | 3 - - - | 3 5 2.3 2 1 | i̲ 6 0 i i 2̲ 6 | i i - -
```

第一幅画面：京剧脸谱中的蓝脸和绿脸为中性，代表草莽英雄；
第二幅画面：京剧脸谱中的红脸含有褒义，代表忠勇；
第三幅画面：京剧脸谱中的黄脸和白脸含贬义，代表狡诈凶恶；
第四幅画面：京剧脸谱中的黑脸为中性，代表猛智；
第五幅画面：京剧脸谱中的金脸和银脸有神秘意味，代表神妖。

京剧脸谱的绘画方法，大致分为三类：揉脸、抹脸、勾脸。脸谱最初的作用，只是夸大剧中角色的五官部位和面部的纹理，用夸张的手法表现剧中人物的性格、心理和生理上的特征，以此来为整个戏剧的情节服务，可是发展到后来，脸谱由简到繁、由粗到细、由表及里、由浅到深，本身就逐渐成为一种具有民族特色的、以人的面部为表现手段的图案艺术了。

唱　脸　谱

阎肃词

外国人把那京戏叫作Beijing Opera，
　没见过那五色的油彩愣往脸上画，
　　"四击头"一亮相，
　美极啦，妙极啦，简直OK顶呱呱！

　　　蓝脸的窦尔敦盗御马，
　　　红脸的关公战长沙，
　　　黄脸的典韦，白脸的曹操，
　　　黑脸的张飞叫喳喳！

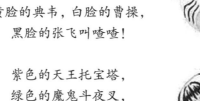

　　　紫色的天王托宝塔，
　　　绿色的魔鬼斗夜叉，
　　　金色的猴王，银色的妖怪，
　　　灰色的精灵笑哈哈！

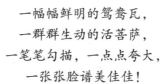

　　　一幅幅鲜明的鸳鸯瓦，
　　　一群群生动的活菩萨，
　　　一笔笔勾描，一点点夸大，
　　　一张张脸谱美佳佳！

（2）教师在《唱脸谱》的音乐伴奏下结合图片给幼儿介绍完不同颜色脸谱的含义之后，把幼儿分为七人一小组，给每个小组发一些图片和彩笔、纸张、剪刀和胶棒，让幼儿听着乐曲，小组合作创作一幅脸谱故事图，可以利用教师所给的图片，也可以本组成员商量画出大家喜欢的脸谱画面。

（3）教师提示幼儿，如果在绘画时遇到困难，可以利用教师所给的图片素材代替绘画。

（4）当幼儿操作时，教师巡视，及时给予一定的提示和帮助。

唱 脸 谱
（男声独唱、女声伴唱）

阎 肃 词
姚 明 曲

(男独) 蓝脸的窦尔敦 盗御马, 红脸的关公 战长沙,
(男独) 紫色的天王 托宝塔, 绿色的魔鬼 斗夜叉,
(男独) 一幅幅鲜明的"鸳鸯瓦", 一群群生动的活菩萨,

黄脸的典韦, 白脸的曹操, 黑脸的张飞叫 喳喳!
金色的猴王, 银色的妖怪, 灰色的精灵笑 哈哈!
一笔笔勾描, 一点点夸大, 一张张脸谱美 佳佳!

(5) 幼儿完成任务后,教师安排幼儿分组展示并讲解本组创编的脸谱故事。

【经验分享】

每个幼儿都有自己对音乐的独特理解,这种理解没有好与坏、对与错之分,更没有必要求同。教师在评价幼儿的创编成果时,应该给每个幼儿以正面的鼓励,正所谓:一千个读者就有一千个哈姆雷特。

步骤五:撰写活动方案

《唱脸谱》

【活动目标】

(1) 培养幼儿建立音乐和绘画之间的通感关联,听到音乐后能够在大脑中展开一幅画卷。
(2) 培养幼儿善于联想的习惯,听到音乐后,能够主动将音响符号进行加工,想象出符合音乐情绪的个性画面。
(3) 通过欣赏乐曲,使幼儿感受到戏曲音乐——京剧唱腔的独特之美。

活动准备

(1) 幼儿绘画工具:纸张、油画棒等。
(2) 与京剧脸谱相关的图片若干。
(3)《唱脸谱》的音频文件以及播放设备。

活动过程

（1）在《唱脸谱》的音乐背景下，教师边介绍京剧艺术的起源、脸谱的含义，边展示相关图片。

（2）教师把幼儿分为七人一小组，给每个小组发一些图片和彩笔、纸张、剪刀和胶棒，让幼儿听着乐曲，小组合作创作一幅脸谱故事图。

（3）教师提示幼儿，如果在绘画时遇到困难，可以利用教师所给的图片素材代替绘画。

（4）当幼儿操作时，教师巡视，及时给予一定的提示和帮助。

（5）幼儿完成任务后，教师安排幼儿分组展示并讲解本组创编的图画故事。

（6）幼儿将自己制作的图画故事放到"展示角"，活动结束。

步骤六：开展活动

（1）分析学情。在活动实施前，教师应该事先了解幼儿的音乐欣赏经验，通过提问得知幼儿对音乐形象和绘画之间通感关联建立的情况。在进行摸底之后，告知幼儿如何根据自己听到的音响，通过联想画出自己心中的画面，或是利用现有的图片把音乐表述的情节串联成一个有完整情节的故事。

（2）幼儿分组合作制作"音画"，教师巡视，实时指导。培养幼儿的团队精神，向幼儿解释如何在团队中做到既要独立思考，又要兼顾同伴的建议，齐心协力，在共同商讨中完成任务。

（3）对幼儿欣赏能力的评估。在借助绘画手段辅助幼儿欣赏音乐的活动中，主要看幼儿是否有边欣赏边绘画的意愿，是否乐于将零散的图片素材整合成一个连续的、有故事情节的图画的兴趣，具体评价标准见表4-4。

表4-4　幼儿在《唱脸谱》欣赏活动中的鉴赏能力评价表

内容	已达到等级		
在教师的提示下，听到音乐后，是否能够找到相应的图片	能迅速地寻找到与音乐情节相关的图片	对音乐所叙述的情节不够敏感	对音乐所表达的情节没有任何想法
在欣赏音乐时是否精力集中，愿意倾听音乐	能够专心欣赏，感受乐曲的美妙	能够做到安静地聆听	欣赏音乐时三心二意，无法专注

相关链接

17世纪英国著名物理学家牛顿最早提出色彩音节理论。他在研究色谱的同时还得出一个有趣的假设,他发现红、橙、黄、青、蓝、紫七种颜色恰好相当于C、D、E、F、G、A、B七个音调。他的根据是:音符do、re、mi、fa、sol、la、ti、do之间的过渡和光谱中的过渡极为相似。他认为:一个完全纯粹的音,是由一个单一长度声波的声源所产生的。这种音的单纯性与单一光波振幅的感觉是相应的。复杂的声音由很多不同波长的声波混合而成,其声音越浑浊就越不纯。同样,一个完全纯净的颜色,由一个单一波长的光所产生,将不同波长的各色混合起来,得到的将是一种没有纯度的灰色,色彩越浊,纯度越低。由此可知,色彩与音阶具有类似的对应性。

【任务评价】

在借助绘画手段欣赏音乐的教学过程中,教师的主要任务不再是系统而烦琐地教授音乐知识,而是对教学活动精心设计、指导、调控和评价。在教学过程中突出幼儿的主体性发挥,让幼儿做活动的主人,而不是活动的附属品,更不能将幼儿视为接受知识的容器。音乐欣赏教学活动任务评价主要考虑教师制定的目标是否可行、教学内容是否充实、乐曲选择是否具备可操作性、幼儿是否积极参与。见表4-5。

表4-5 借助绘画手段欣赏音乐——《唱脸谱》(中班)任务评价单

内容	评价要点	评价结果		
		优秀	良好	待改进
活动目标	设计的活动能够始终围绕活动目标,让幼儿在绘画和图片选择中寻找不同的脸谱形象			
活动内容	活动内容能够围绕活动目标设计,选择恰当,安排合理			
乐曲选择	选择的乐曲具有鲜明的叙事性,表达的故事情节连贯			
幼儿参与度	幼儿在活动中情绪愉快,态度积极,参与意识强			

【任务小结】

音乐欣赏作为学前音乐教育的重要组成部分,可以启迪幼儿智慧,愉悦幼儿情绪,激发幼儿的想象力、创新能力和创造热情,从而使他们的思维能力受到锻炼,促进幼儿全面和谐地发展。学前幼儿音乐欣赏教学看似一种被动的接受行为,是幼儿对外界音乐刺激做出的反应,可是实际上无论从幼儿对欣赏作品的选择,还是幼儿在欣赏过程中产生的各种心理活动,都表明音乐欣赏是一种积极的创造活动。

在自主音乐欣赏活动中,我们尝试了运用绘画或图片选择的方式进行辅助,引导幼儿调动已有的生活经验和感性认识进行综合再造,激活幼儿的创造思维,同时提高幼儿的音乐欣赏能力。从中班开始，教师就引导幼儿在色彩、图形、线条等方面建立与音乐符号之间的各种通感心理活动，为幼儿今后自主性的音乐欣赏奠定坚实的基础。

【经验分享】

在教学过程中视听并举，效率可以大幅度提升。心理学研究表明，人的学习大体有视觉学习、听觉学习、触觉学习以及各种感官交叉的学习方式。从学习效果来看，单一途径的学习远不如多种途径并用的效果突出。中国电化教育事业奠基人南国农教授关于记忆比率的研究表明：同样学习一个内容，三天以后测试的结果为，听觉学习的记忆率为15%，视觉学习的记忆率为40%，视听结合的记忆率为75%。视听并用的学习效果，远远大于听、视单用时的学习效果之和。因此教师在音乐欣赏教学过程中，应采用视听结合的教学方式，给幼儿提供更多感官选择，充分调动幼儿的感觉器官，多方位、多角度地欣赏音乐。

【拓展任务】

为大班幼儿设计以绘画手段辅助欣赏《玩具兵进行曲》的教学活动。

《玩具兵进行曲》是一首旋律轻松明快、节奏鲜明的音乐，是作曲家回忆起小时候做的一个甜蜜的梦，用梦境里的故事写成的。乐曲叙述的故事是这样的：晚上，当小主人睡熟以后，玩具们都复活了，一个个从玩具箱里偷偷爬了出来，充气鸭子扑棱扑棱翅膀，蹒跚走向毛绒玩具小猫，小猫喵喵叫着，上蹿下跳……正当天刚蒙蒙亮的时候，小主人醒了，玩具们惊慌地逃回玩具箱子里。小主人起床，打开箱子一看，玩具们东倒西歪地躺在里面。呵！原来刚才做了一个美丽的梦……

作曲家创作该乐曲时运用了一些适合幼儿欣赏的配器方法，使乐曲在音色变化上产生新奇感，比如在乐段中加入了挤捏充气玩具鸭子的音效，听众能够立即在眼前浮现出鸭子的形象。作曲家通过音乐手段对玩具的形象进行细腻的刻画，使得音乐形象鲜活，听着音乐，眼前就会展现出玩具们的一幅幅画面。

在设计这首乐曲的欣赏活动时，应注意以下要点：

（1）引导幼儿专心聆听音乐，尝试着想象乐曲中描述的不同玩具。

（2）鼓励幼儿大胆说出自己的想法和他们独到的见解。

（3）在音乐欣赏活动中，对幼儿产生联想的不合理部分进行引导，避免全盘否定幼儿的联想成果，挫败幼儿的自信心。

【专家支招儿】

在学前儿童音乐教育活动中，常用以下两种结课方式：

1. 终结性结课

终结性结课，即教学内容到此全部结束，不需要再加以延伸、发散。教师常以总结的方式，将教学的内容归纳、梳理、重复、强调，以加深幼儿的印象，并保持一节课的完整性。这节课的结课方式就属于这一种。

2. 外延性结课

外延性结课具有一定的开放性，它既是幼儿园课堂教学的结束，又是课堂以外内容的延伸,需要引发幼儿联想与进一步探究的欲望。教师将问题、悬念、激励等留给幼儿,让他们进一步针对问题展开思考。

任务三 借助肢体动作欣赏音乐——《跳圆舞曲的小猫》(大班)

【活动目标】

(1) 掌握借助肢体动作欣赏音乐的教学设计方法。
(2) 掌握肢体动作参与欣赏活动的流程。
(3) 能够根据各年龄段儿童的肢体活动特点,组织和实施幼儿园音乐欣赏的创编活动。

【任务描述】

在学前儿童音乐欣赏教学阶段,教师应该积极鼓励幼儿用肢体语言来表达对音乐作品的理解。音乐感知心理表明:肢体动作对于音乐感知的效果具有十分重要的强化作用。幼儿对于音乐的理解具有鲜明的外显性,他们通常喜欢把听到音乐后的感受用动作表现出来,幼儿常会情不自禁地跟着音乐手舞足蹈,"手舞足蹈"的肢体语言就是运用最多的一种表达情感的方法。

5~6岁幼儿的生理发展有好动、好玩、好奇、好胜等特点,鼓励幼儿积极运用律动、舞蹈等肢体语言,能有效地吸引其注意力,培养幼儿欣赏音乐的积极性,并充分表达自己对音乐作品的理解。在欣赏《跳圆舞曲的小猫》时,幼儿听到活泼跳跃的音乐,会很兴奋地拍手,当音乐进行到音阶上行或下行流动时,幼儿马上会配合音乐做下蹲或起立动作。在欣赏过程中,教师应特别注意在确保幼儿的自尊心、自信心不受损害的前提下,鼓励幼儿尽可能地创编与他人不同的动作,让幼儿充满创新的自信。

【任务分析】

5~6岁的幼儿合作意识逐渐增强,规则意识逐步形成,能够在教师的帮助下按照乐曲表达的情绪、情感,通过模仿教师的肢体动作,然后进行联想和创新,在活动中加入自己创编的新元素。此阶段的幼儿,无论是大肌肉还是小肌肉的运动技能都得到了长足发展。他们走路速度已基本接近成人,平衡能力明显增强,还可以做一些比较复杂的技巧性运动,因此在大班音乐欣赏课上设计的肢体活动较之中班,会有明显的技巧性和挑战性。

本任务的关键在于帮助幼儿建立肢体动作与音乐旋律走向、节奏变化和曲式结构之间的联系,引导幼儿在他们喜爱的游戏活动中逐渐产生对音乐的兴趣,在活动中体会音乐的美妙。

【知识储备】

《跳圆舞曲的小猫》结尾处连续运用了三连音节奏型。三连音,就是把1拍、2拍或4拍均匀地三等分,这样每个音分别占1/3拍、2/3拍或3/4拍。三连音在乐曲中出现,会给人一种节奏错位或是节奏不稳定之感。虽说三连音在理论上是将节拍平均三等分,但是在实际演奏中,三个音并不是完全平均化的"三等分",为了突出三连音的第一个音,往往在演奏中将第一个音的时值稍微延长一点,这样,错位和节奏倾向不稳定的感觉会更加强烈,音乐动力感会更加鲜明。常见的三连音形式有以下几种：

【任务实施】

步骤一：分析题材特点

《跳圆舞曲的小猫》是一首专为孩子写的管弦乐曲，由美国作曲家 L·安德森创作，曲调诙谐有趣，描绘了一个天真活泼的小猫在音乐的伴奏下跳起了优美的圆舞曲。乐曲具有拟人化与写实的特点，为 A＋B＋B' 三部曲式结构。乐曲开头四小节的引子，好似一个自豪的小猫一步步走进来，准备翩翩起舞。A 段主题旋律优美，以弦乐器为主奏，小提琴技巧的运用，形象地模拟了小猫的叫声，增加了乐曲的诙谐情趣并突出了主题内容。旋律进行中快慢交替，充分表现了小猫顽皮好动的特性。B 段旋律欢快活泼，音乐一气呵成，表现了十分热闹的场面。主奏乐器采用木管乐器，描绘了小猫越跳越高兴，在快速地运转。音乐进行中不时传来了几声猫叫，时刻提醒着欣赏者：这是小猫在跳舞。尤为有趣的是，在乐曲结尾处传来了几声狗叫，使正在专心跳舞的小猫大为震惊，音乐用了一连串的上行音后，形象地描绘了小猫听到狗叫后迅速地逃离了舞场，巧妙地结束了全曲。

步骤二：确定活动目标

（1）幼儿乐意倾听音乐，在欣赏音乐时能够做到神情专注，不受外界干扰。
（2）幼儿愿意尝试用肢体活动的方式表达自己对音乐的理解。
（3）通过锻炼，幼儿对音乐短时记忆的能力增强。

相关链接

教育部《3~6 岁儿童学习与发展指南》中关于幼儿园小、中、大班欣赏和感受艺术作品的目标见表 4-6。

表 4-6 幼儿园小、中、大班欣赏和感受艺术作品的目标

3~4 岁	4~5 岁	5~6 岁
1. 喜欢听音乐或观看舞蹈、戏剧等表演 2. 乐于观看绘画或其他艺术形式的作品	1. 能够专心地观看自己喜欢的文艺演出或艺术作品，有模仿和参与的欲望 2. 欣赏艺术作品时会产生相应的联想和情绪反应	1. 艺术欣赏时常常用表情、动作、语言等方式表达自己的理解 2. 愿意和别人分享、交流自己喜爱的艺术作品和美感体验

步骤三：准备活动道具

电脑、投影仪、音响、乐曲《跳圆舞曲的小猫》音频；小猫、小狗的图片。

步骤四：设计活动过程

（1）教师讲述《跳圆舞曲的小猫》的故事：

从前，有一只小猫非常喜欢跳舞。这天，小猫听见小区花园方向传来了《维也纳森林的故事》的优美旋律，于是小猫从主人家的阳台跳出来，优哉游哉地混进了小区花园中心跳广场舞的队伍，伴着"嘣嚓嚓、嘣嚓嚓"的华尔兹乐曲开始翩翩起舞。

小猫尽情地舞着、跳着，忘情地旋转着，不时发出欢快的叫声……突然，从通往小区花园过道的转角处传来了几声狗叫，使正在专心跳舞的小猫着实吓了一跳，它头也不回迅速地逃离了小区花园"舞场"。

（2）教师讲完童话故事，告诉幼儿今天要听的音乐就是描写顽皮好动的小猫跳舞的音乐，这首乐曲叫《跳圆舞曲的小猫》。教师播放音乐。

（3）这首乐曲为带尾声的单三部曲式，主题旋律简洁明快，幼儿容易辨识。但最后乐句中出现的三连音节奏型对孩子们来说有些陌生。虽然在以前中班的节奏教学中提到过三连音，但是要准确无误地把握这种节奏型，对幼儿来说还有些困难。为了使大班幼儿通过欣赏这首乐曲后能够准确掌握三连音节奏，教师可以加上简单的歌词，让幼儿边听边唱，以加深对三连音节奏型的印象。

教师告诉幼儿："这首圆舞曲还有一首歌，老师先教大家唱这首歌曲，小朋友要一边用双手打拍子，一边唱。"

第一步，先打拍子唱三连音节奏： ××× ××× ×××
　　　　　　　　　　　　　　　 汪汪汪 你是谁 汪汪汪

第二步，加上主题旋律： 5 6 7　1 2 3　4 5 6　|　7 1 2　3 4 #4　5 6 7　|
　　　　　　　　　　　 汪汪汪　你是谁　汪汪汪，　我来了　不咬 人　汪汪汪。

（4）在大部分幼儿都能够掌握三连音的节奏并学会唱上面的词曲后，教师带领幼儿在音乐中做以下完整动作：

教师带领幼儿面对面站立成两排，每两个小朋友一对。

1）乐曲 A 段：教师带领幼儿，每两个幼儿一对，在乐曲音频伴奏下，做互相拍手的游戏：第一拍，拍自己的双手；第二拍，两小朋友互拍右手；第三拍，两个小朋友互拍左手，循环往复，直至第 16 小节结束。从第 17 小节开始，做互相手拉手旋转的游戏：先做两小节的顺时针旋转，强拍时左腿要抬起；再做两小节的逆时针旋转，强拍时右腿要抬起。循环往复，直至第 31 小节结束。

2）乐曲 B 段：教师带领幼儿面对面站立，每两个幼儿一对，在乐曲音频伴奏下，互相手拉手跳华尔兹舞步：第一拍，左脚向前迈出一步；第二拍，右脚拖沓步；第三拍，双脚并拢；第一拍，右脚向后退回一步；第二拍，左脚拖沓步；第三拍，双脚并拢。循环往复，直至第 18 小节结束。

3）乐曲 B'段：教师带领幼儿，每两个幼儿一对，在乐曲音频伴奏下，互相手拉手跳华尔兹舞步：第一拍，左脚向前迈出一步；第二拍，右脚拖沓步；第三拍，双脚并拢；第一拍，右脚向后退回一步；第二拍，左脚拖沓步；第三拍，双脚并拢。循环往复，直至全曲结束。

步骤五：撰写活动方案

《跳圆舞曲的小猫》

活动目标

（1）幼儿乐意倾听音乐，在欣赏音乐时不受外界干扰。
（2）幼儿愿意尝试用肢体活动的方式表达自己对音乐的理解。
（3）通过锻炼，幼儿对音乐短时记忆的能力增强。

活动准备

（1）教学媒体：乐曲《跳圆舞曲的小猫》的音频及播放设备。
（2）图片：有关故事《小猫跳舞》的图片若干。
（3）游戏场地：宽敞的教室或是户外场地

活动过程

（1）故事导入。教师讲《小猫跳舞》的故事，在讲的过程中，穿插展示准备好的图片。
（2）引出主题。教师介绍今天要欣赏的音乐描绘了一个天真活泼的小猫在音乐的伴奏下跳起了优美的圆舞曲——《跳圆舞曲的小猫》。
（3）讲解本课难点。有针对性地讲解三连音的节奏型，这也是该课的重点和难点。
1）将有三连音的节奏配上歌词，形成幼儿易于掌握的念词，幼儿在有节奏感的反复念诵的同时，轻松掌握了三连音的节奏型。
2）教师在此基础上进一步向前推进，把刚才的念词加上乐曲中的旋律，将此课的难点部分简化分解成一首简单易学的儿童歌曲。
（4）当本课难点解决之后，教师带领幼儿在音乐中完成整套的活动。
1）教师带领幼儿面对面站立成两排，每两个小朋友一对。
2）乐曲 A 段，1～16 小节做互相拍手的游戏：第一拍，自己拍双手；第二拍，两小朋友互拍右手；第三拍，两个小朋友互拍左手；17～31 小节做互相手拉手旋转的游戏：先做两小节的顺时针旋转，强拍时左腿要抬起；再做两小节的逆时针旋转，强拍时右腿要抬起。
3）乐曲 B 段，教师带领幼儿面对面站立，每两个幼儿一对，互相手拉手跳华尔兹舞步：第一拍，左脚向前迈出一步；第二拍，右脚拖沓步；第三拍，双脚并拢；第一拍，右脚向后退回一步；第二拍，左脚拖沓步；第三拍，双脚并拢。
4）乐曲再现段 B'段，重复 B 段的活动。
（5）活动结束。

步骤六：开展活动

（1）在活动开展的过程中，教师应注意以下几点：
1）在音乐欣赏的过程中，教师要仔细地观察幼儿的活动能力，注重整体教育与个体教育相结合的原则，灵活地进行教学活动。
2）幼儿是欣赏活动的主角，教师只是作为一个引导者在场，幼儿存在个体差异，在理解音乐方面有着各自不同的看法和观点,作为教师要密切关注幼儿的活动反馈,对于不适合幼儿的活动应适时加以调整。

3)对于没有进入欣赏状态的幼儿也要多加指导,激发他们的欣赏兴趣,并及时地对其表现做出肯定和鼓励的表态。

(2)幼儿音乐欣赏能力具体评价标准见表4-7。

表4-7 幼儿在《跳圆舞曲的小猫》欣赏活动中的鉴赏能力评价表

内容	已达到等级		
音乐感的把握	能准确唱出歌谣的旋律和节奏	大致能唱准歌谣的旋律和节奏	不能区分旋律和节奏的变化
乐曲的记忆能力	经过练习,能够听着音乐准确做出相应的肢体动作	经过练习,能够听着音乐模仿老师做出相应的肢体动作	虽经过练习,但仍然无法凭着记忆听着音乐做出相应的肢体动作

【任务评价】

借助肢体动作欣赏音乐的教学活动是一项复杂的综合性活动,评价的内容包括以下几方面:

(1)教学活动形式是否科学合理。
(2)活动情境创设是否便于操作。
(3)活动的难易程度是否恰到好处。
(4)儿童的行为是否积极配合。

见表4-8。

表4-8 借助肢体动作欣赏音乐——《跳圆舞曲的小猫》(大班)任务评价单

内容	方法	评价要点	评价结果		
			优秀	良好	待改进
活动形式	综合评价	活动的重点在于培养幼儿听到音乐后,随着音乐的情绪做出相应的肢体动作			
情境创设	自由叙述	通过故事导入的方法,能够抓住大班幼儿的兴趣点,情境创设恰当有效			
难易程度	情境观察	符合大班幼儿的认知水平,具有较强的操作性			
儿童行为	情境观察	幼儿能够相互配合表演,全体幼儿参与其中,活动气氛热烈			

第四单元 欣赏类音乐教育活动设计与实施

相关链接

我国著名音乐教育家谢嘉幸教授曾经说过:"任何音乐,都是人类情感运动的外化形式,其基础是人类的肌体运动。因此,尽管音乐包含了人的思想和观念,但抽象的理念却无助于音乐的理解,因为感受音乐本质上是一个体验的过程。"

【任务小结】

在学前儿童音乐教学中采用欣赏的教学方式是符合幼儿音乐学习规律的重要教学手段,以肢体活动参与音乐欣赏属于情趣欣赏的范畴,是幼儿乐于接受的教学活动方式。通过肢体活动的参与,幼儿能够轻松地进入音乐情境,有助于加强幼儿的音乐感知和音乐记忆,从而更加准确地把握音乐形象,领悟音乐意蕴。

【拓展任务】

请借助肢体活动为《胡桃夹子进行曲》设计一节大班幼儿音乐欣赏课。
在设计欣赏活动时,应注意以下要点:
(1)选择适合大班幼儿肢体活动的动作,设计的活动要便于幼儿模仿和记忆。
(2)帮助幼儿了解《胡桃夹子》的故事。以此引导幼儿理解乐曲《胡桃夹子进行曲》中玛丽和胡桃夹子之间的美好情感。
(3)带领幼儿体会乐曲中单纯而神秘的童话色彩。

胡桃夹子进行曲

〔俄〕柴可夫斯基 曲

相关链接

《胡桃夹子》的故事：

在一个圣诞节的晚上，小姑娘玛丽收到了她的教父送给她的圣诞礼物——胡桃夹子。可是玛丽的弟弟一把把胡桃夹子抢过去玩，一不小心，把胡桃夹子的胳膊拧了下来，玛丽生气地从弟弟手中抢过胡桃夹子，悉心地给它包扎。

晚上，玛丽把胡桃夹子放在枕边睡着了。到了午夜，玛丽梦见老鼠国王率大群老鼠来攻打玩具兵，胡桃夹子在指挥士兵作战时受伤。玛丽一时情急，用自己的鞋子击中老鼠国王，救了胡桃夹子，但是玛丽却被老鼠国王变成和老鼠一般大小。为了解除魔咒，胡桃夹子带领玛丽去找糖果公主。

他们越过风暴之海，在花之精灵的帮助下，终于走到了姜饼国。在那里，他们受到了姜饼国人民的热烈欢迎，大家一起游戏、玩耍、舞蹈，度过了非常开心的一天。最后在糖果公主的指引下，玛丽回到了原来的世界。

玛丽睁眼醒来，以为自己做了一个奇怪的梦。正在这时，她的教父带着自己的侄子来到她的床前，令她惊讶的是，他和胡桃夹子竟然长得一模一样……

参 考 文 献

[1] 许卓娅. 幼儿园音乐教育活动［M］. 北京：人民音乐出版社，1995.
[2] 王懿颖. 学前儿童音乐教育的理论与实践［M］. 北京：北京师范大学出版社，2004.
[3] 黄瑾. 学前儿童音乐教育［M］. 上海：华东师范大学出版社，2006.
[4] 李玮，林智群，赵美静. 学前音乐教育［M］. 天津：南开大学出版社，2012.
[5] 袁立君. 学前儿童艺术教育［M］. 北京：北京出版社，2014.
[6] 康敏. 学前儿童音乐教育［M］. 北京：机械工业出版社，2017.
[7] 秦德祥. 元素性音乐教育［M］. 南京：南京大学出版社，1990.
[8] 霍华德·加德纳. 多元智能［M］. 沈智隆，译. 北京：新华出版社，1999.
[9] 谢嘉幸. 我国当代音乐教育学研究综述［J］. 南京艺术学院学报（音乐与表演），2005（3）.
[10] 刘焱. 幼儿园游戏教学论［M］. 北京：中国社会出版社，2000.
[11] 许卓娅. 幼儿园音乐教学游戏化设计［M］. 南京：江苏凤凰教育出版社，2014.
[12] 黄人颂. 学前教育学［M］. 北京：人民教育出版社，2015.

后　　记

　　5月的清晨，迎着第一缕阳光，这本教材的书稿终于就要脱手了。最初申请立项时，教材的名称是《学前儿童音乐教育》，后来看到"示范校"建设任务书上列的教材名称是《幼儿园音乐教育活动设计与实施》，与我已经编写完成的书稿内容完全大相径庭，推倒重来的过程其实就是在完成从知识本位向能力本位的蜕变。痛苦的不是重构教材的内容框架，而是不仅要打碎原有的思维模式，而且要在此基础之上建构能力本位的"任务型"课程体系。作为学院"项目化"教学改革的实施者、推进"有效课堂认证"的先行者，建设"任务型"课程是我义不容辞的责任与义务，这种心境不仅伴随自己完成了书稿，也让本人对高职《幼儿园音乐教育活动设计与实施》这部教材的编写不断生发出新的想法，这些想法一方面完善了初始的编写思路，另一方面也为教学水平和教材质量的进一步提高积累了丰富的养料。

　　本书的出版离不开兴安学院分管教学的范勇毅副院长、教务处陈艳处长的大力支持；离不开教务处陈伟副处长为教材出版相关事宜内调外联所付出的辛苦努力；离不开师范教育分院丛立主任对我的信任，及在本教材未完成时所给予的热情鼓励；更离不开我的家人默默无闻的慷慨付出，特别是小妹一家"五一"期间回来探亲，恰逢我忙于教材书稿的修改与收尾工作，没能抽空多陪伴家人深感内疚……这一切是这本教材得以完成的助力器，更是我今后不断前行的加速器。

　　北京理工大学出版社负责策划出版此书的策划编辑田帅、责任编辑刘永兵及所有工作人员，他们为我院"示范校"教材建设量身定制的出版计划，使本书在精雕细琢中得以顺利完成，谨表示诚挚的谢意。另外，本书在编写过程中，参考了国内外大量的文献资料，引用和借鉴了一些同行的研究成果，在此一并致以由衷的感谢。

　　由于编者水平有限，疏漏失误之处在所难免，恳请专家、同行及相关读者批评指正，以便继续修改完善。

富　宏

2018年5月于乌兰浩特